Je me fais fort de vous faire revoir.
votre . . . .

AVENTURES

de

Robinson crusoé.

avec 2d. Grav. et Notes.

TOME 3.ᵐᵉ

Ch. Baudouin, Imprimeur.

A PARIS.

Chez Chassaignon, Libraire.
Rue du Marché Neuf, N.º 3.

1817.

AVENTÚRES

DE

ROBINSON CRUSOÉ.

C'est par-là que je finis les deux premières parties de l'histoire d'une vie si pleine de révolutions, qu'on pourrait l'appeler une *marqueterie de la Providence*. On y voit une si grande variété d'aventures, que je doute fort qu'aucune autre histoire véritable en puisse fournir une pareille. Elle commence par des extravagances qui ne préparent le lecteur à rien d'heureux, et elle finit par un bonheur qu'aucun événement qu'on y trouve ne saurait promettre.

On croira indubitablement que, satisfait d'une fortune si supérieure à mes espérances, je n'étais pas homme à vouloir m'exposer à de nouveaux hasards; mais quelque raisonnable que puisse être ce sentiment, on se trompe. J'étais accoutumé à une vie ambulante, je n'avais point de famille, et, quoique riche, je n'avais pas fait beaucoup de connaissances.

Il est vrai que je m'étais défait de ma plantation dans le Brésil; mais ce pays m'était encore cher; j'avais surtout un désir violent de revoir mon île, et de savoir si les Espagnols y étaient arrivés, et comment les scélérats que j'y avais laissés étaient avec eux.

Je n'exécutai pas pourtant ce dessein d'abord, et les conseils de ma bonne veuve firent assez d'effet

Tome III. 1

sur mon esprit pour me retenir encore sept ans dans ma patrie. Pendant ce tems-là, je pris sous ma tutelle mes deux neveux, fils de mon frère ; l'aîné avait quelque bien, ce qui me détermina à l'élever comme un homme de famille, et à faire en sorte qu'après ma mort il eût de quoi soutenir la manière de vivre que je lui faisais prendre. Pour l'autre, je le confiai à un capitaine de vaisseau, et le trouvant, après cinq années de voyages, sensé, courageux et entreprenant, je lui confiai un vaisseau à lui-même. On verra dans la suite que ce même jeune homme m'a engagé dans de nouvelles aventures, malgré mon âge qui devait m'en détourner.

Je m'étais marié cependant d'une manière avantageuse et satisfaisante, et je me trouvais père de trois enfans ; savoir, de deux garçons et d'une fille ; mais ma femme étant morte, mon neveu, qui revenait d'un voyage fort heureux en Espagne, excita, par ses importunités, mon inclination naturelle de courir, et me persuada de m'embarquer dans son vaisseau, comme un marchand particulier, pour aller négocier aux Indes orientales. J'entrepris ce voyage l'an 1694.

Dans cette course, je n'oubliai pas de rendre visite à ma chère île. J'y vis mes successeurs les Espagnols, qui me donnèrent l'histoire entière de leurs aventures et de celles des scélérats que j'y avais laissés. J'appris de quelle manière ils avaient insulté les Espagnols, et la nécessité où ces derniers avaient été de les soumettre par force, après avoir vu que c'était la seule manière de vivre en repos avec eux. Si on ajoute à ces circonstances les nouveaux ouvrages qu'ils avaient faits dans l'île, quelques batailles qu'ils avaient été forcés de donner aux sauvages du continent, qui avaient fait plusieurs descentes sur le rivage, et une entreprise qu'ils avaient exécutée à leur tour sur les terres de leurs ennemis, où ils avaient fait prisonniers cinq hommes et onze femmes, qui avaient déjà, à mon arrivée, peuplé l'île d'une vingtaine d'enfans; si on rassemble, dis-je, toutes ces particularités, on verra que si leur histoire était écrite, elle ne serait pas moins curieuse que la mienne.

Je quittai l'île après y avoir séjourné une vingtaine de jours, et j'y laissai une bonne quantité de provisions nécessaires, qui consistait surtout en armes, poudre, plomb, habits et outils : j'y laissai encore un charpentier et un forgeron que j'avais amenés d'Angleterre avec moi dans cette vue.

J'avais trouvé à propos encore de partager l'île à tous les habitans, et je l'avais fait à leur satisfaction, quoique je me fusse réservé la propriété et la souveraineté de tout, et que je les eusse engagés à ne pas abandonner ce nouvel établissement.

Je m'en fus dans le Brésil, d'où j'envoyai une barque vers l'île avec de nouveaux habitans, parmi lesquels il y avait sept femmes propres pour le mariage et pour le service, si quelqu'un en voulait. Je promis en même tems aux Anglais de leur envoyer des femmes de leur patrie, une bonne cargaison de tout ce qui leur était nécessaire, pourvu qu'ils voulussent s'appliquer de tout leur cœur à faire des plantations, et dans la suite je leur ai tenu parole; aussi devinrent-ils fort honnêtes gens après qu'on les eut mis sous le joug, et qu'on leur eut assigné leurs portions à part. Je leur envoyai encore du Brésil cinq vaches, dont trois étaient pleines, avec quelques cochons, et je trouvai tout cela fort multiplié, retournant dans l'île une seconde fois.

Je pourrais bien entrer un jour dans un détail plus particulier de tout ce que je viens de toucher légèrement, et y ajouter l'affaire nouvelle qu'eurent les habitans de mon île avec les cannibales. On y verra de quelle manière ces sauvages entrèrent dans l'île au nombre de trois cents, et comme ils donnèrent deux batailles à ceux de ma colonie qui,

dans la première ayant eu du dessous, perdirent trois
hommes, mais qui, dans la suite, une tempête ayant
abîmé les canots des ennemis, avaient trouvé le
moyen de les détruire tous par le feu ou par la famine, et étaient rentrés de cette manière dans la possession tranquille de leurs plantations.

Tous ces événemens, joints à mes propres aventures que j'ai eues pendant dix ans, pourraient faire
plusieurs volumes dignes de l'attention du public.

L'histoire de ma vie vérifie parfaitement l'ancien
proverbe qui dit, qu'*un vase de terre ne perd jamais l'odeur dont il a été d'abord imbu.* Après avoir
lutté trente-cinq aus avec une variété de malheurs
dont les exemples sont fort rares, j'avais joui pendant sept ans de tout ce que l'abondance et la tranquillité du corps et de l'esprit ont de plus agréable ;
mon âge était déjà fort avancé, et j'avais appris,
par une longue expérience, que rien n'était plus
propre à rendre l'homme heureux, que la médiocrité.
Qui n'eût pas cru que, dans cette agréable situation,
ce goût né avec moi pour les voyages et pour les
aventures, se serait évaporé avec le feu de ma jeunesse, et qu'à l'âge de soixante-un ans je serais au-
dessus de tous les caprices capables de tirer quelqu'un de sa patrie ?

D'ailleurs, le motif ordinaire qui nous détermine
à ce parti, ne pouvait plus avoir lieu chez moi ; il ne
s'agissait plus de faire fortune ; et, à parler sage-
ment, j'étais dans un état où je ne devais pas me
croire plus riche par l'acquisition de cent mille
livres de plus ; j'avais du bien suffisamment pour
moi et mes héritiers ; il s'augmentait même de jour
en jour ; car ma famille étant petite, je ne pouvais
pas dépenser mes revenus, à moins que de me donner
des airs au-dessus de ma condition, et de m'accabler
d'équipages, de domestiques, et d'autres ridicules
magnificences, dont j'avais à peine une idée, bien

loin d'en faire les objets de mon inclination. Ainsi
le seul parti qu'un homme sage aurait pris à ma place,
eût été de jouir paisiblement des présens de la Providence, et de les voir croître sous ses mains.

Cependant toutes ces considérations n'avaient pas
la force nécessaire pour me faire résister long-tems
au penchant que j'avais de me perdre de nouveau
dans le monde. C'était comme une véritable maladie ;
et surtout le désir de revoir mon île, mes plantations,
la colonie que j'y avais laissée, ne me laissait pas
un moment de repos ; c'était l'unique sujet de mes
pensées pendant le jour, et de mes rêves pendant la
nuit ; j'en parlais tout haut, même quand je ne dor-
mais pas, et rien au monde ne me l'ôtait de l'esprit ;
tous mes discours se tournaient tellement de ce
côté-là, que ma conversation en devenait ennuyeuse,
et je me donnais par-là un ridicule dont je m'aper-
cevais fort bien sans me sentir en état de l'éviter.

Au sentiment de plusieurs personnes sensées,
tout ce que le peuple raconte sur les spectres et sur
les apparitions, n'est dû qu'à la force de l'imagination déréglée et destituée du secours de la raison ;
ces promenades des esprits et des lutins sont de
pures chimères. Le souvenir vif qu'on a quelquefois
de ses amis et de leurs discours, saisit d'une telle
manière l'imagination dans certaines circonstances,
qu'on croit les voir réellement, leur parler et entendre leurs réponses. C'est ainsi, selon ces habiles
gens, que le cerveau frappé peut prendre l'ombre
pour la réalité même.

Pour moi, je puis dire que jusqu'ici je ne sais point
par ma propre expérience s'il y a véritablement des
esprits qui apparaissent après avoir été séparés des
corps ; je ne décide pas non plus que ce ne sont que
des vapeurs qui offusquent un cerveau malade ; mais
je sais fort bien que dans ce tems-là j'étais la dupe
de mon imagination à un tel point, et qu'elle me

I.

transportait si fort hors de moi-même, que quelquefois je pensais être véritablement devant mon château, entouré de toutes mes fortifications, et voir
distinctement mon Espagnol, le père de *Vendredi*,
et les scélérats anglais que j'avais laissés dans mes
domaines : je dis plus, je parlais souvent à ces per-
sonnages chimériques, et quoique éveillé, je les
regardais fixement comme des gens qui étaient réellement devant mes yeux. Cette illusion allait quelquefois si loin, que ces images fantastiques me
jetaient dans des frayeurs réelles. Dans un songe
que j'eus un jour, l'Espagnol et le vieux sauvage
me firent une relation si particulière et si vive de
plusieurs trahisons des trois rebelles anglais, que
c'était la chose du monde la plus surprenante. Ils me
racontèrent que ces perfides avaient fait le projet de
massacrer tous les Espagnols, et qu'ils avaient brûlé
toutes leurs provisions pour les faire mourir de faim.
C'étaient des choses dont je n'avais jamais entendu
parler, et qui n'avaient pas une entière réalité, mais
que, sur la foi de ce rêve, je ne pus m'empêcher
pourtant de croire absolument véritables, jusqu'à ce
que je fusse pleinement convaincu du contraire.
J'avais rêvé en même tems que, sensible aux accu-
sations des Espagnols, j'examinais ces scélérats, et
je les condamnais à être pendus tous trois. On verra
en son lieu ce qu'il y avait de réel dans cette vision ;
mais quelle que fût la cause qui me l'offrît à l'imagination, elle n'approchait que trop de la vérité, quoiqu'elle ne fût pas vraie en tout au pied de la lettre ;
et la conduite de ces diables incarnés avait été tellement abominable, que si, à mon retour dans l'île,
je les avais fait punir de mort, je leur aurais fait
justice sans pouvoir passer pour criminel ni devant
Dieu ni devant les hommes.

Quoi qu'il en soit je vécus plusieurs années dans
cette situation, sans trouver le moindre agrément,

le moindre plaisir en aucune chose, à moins qu'elle n'eût quelque relation à mon bizarre penchant. Mon épouse, voyant avec quelle impétuosité toutes mes idées me portaient vers des projets si déraisonnables, me dit une nuit, qu'à son avis ces mouvemens irrésistibles venaient de la Providence, qui avait déterminé mon retour dans cette île, et qu'elle ne voyait rien qui pût m'en détourner, que ma tendresse pour elle et pour mes enfans; qu'elle était sûre que, si elle venait à mourir, je prendrais ce parti sans balancer; mais que la chose étant résolue dans le ciel, elle serait au désespoir d'y mettre un obstacle elle seule.... J'étais si attentif à ce discours, et je la regardais si fixement, qu'elle perdit contenance, et qu'elle s'arrêta tout court. Je lui demandai pourquoi elle ne continuait pas à me dire tout ce qu'elle pensait là-dessus; mais je m'aperçus qu'elle avait le cœur si plein, que les larmes commençaient à lui couler des yeux. « Parlez donc, ma chère! lui dis-je;
» souhaitez-vous que je m'en aille ? — Non, répondit-elle, il s'en faut de beaucoup; mais si vous y
» êtes résolu, plutôt que de vous en détourner, je
» suis prête à vous accompagner; car, quoique je
» trouve ce parti fort incompatible avec votre âge,
» et fort mal assorti à l'état de votre fortune, si la
» chose doit être absolument, je ne suis pas d'hu-
» meur à vous abandonner; vous êtes obligé de le
» faire, si ce désir si violent vous vient du ciel; vous
» ne sauriez y résister sans manquer à votre devoir,
» et je manquerais au mien si je ne prenais pas le
» parti de vous suivre. »

Ces tendres paroles de ma femme dissipèrent un peu mes vapeurs, et me firent réfléchir d'une manière plus calme, sur la nature de mon dessein; je me mis devant les yeux tout ce qu'il y aurait d'extravagant pour un homme de mon âge, de se précipiter de nouveau, sans aucun motif plausible, dans les hasards dont j'étais sorti si heureusement, et dans des misères, qui auraient été suivies d'une vie parfaitement heureuse, pourvu que moi-même j'eusse bien voulu n'y pas répandre de l'amertume.

Je considérai qu'outre qu'il n'y a que la jeunesse et la pauvreté capables d'inspirer de pareils desseins, j'avais une épouse et un enfant qui allait bientôt être suivi par un autre ; que j'avais tout ce que je pouvais désirer ; et j'étais assez vieux pour songer à me séparer pour jamais de ce que j'avais acquis, plutôt qu'à l'accumuler. Pour ce qui regarde *l'avertissement intérieur du ciel*, auquel ma femme attribuait mon dessein, je n'en étais pas trop convaincu ; et après avoir lutté pendant long-tems avec la force de mon imagination, j'en devins enfin le maître, comme je crois qu'on peut faire toujours en pareil cas, pourvu qu'on le veuille sérieusement ; je réussis peu à peu à me tranquilliser par les raisonnemens dont je viens de faire mention ; mais ce qui y contribua le plus, c'est le dessein que je pris de me donner de l'occupation, et de me chercher quelques affaires propres à ne me pas laisser le loisir de livrer mon imagination à ces idées capricieuses ; car je m'étais aperçu que jamais mon cerveau n'en était rempli que quand j'étais dans l'oisiveté, et que je n'avais pas sur quoi exercer l'activité naturelle de mon esprit.

D'après cette nouvelle résolution, j'achetai une métairie dans la comté de Bedford, dans le dessein de m'y retirer ; la maison était jolie, et les campagnes qui étaient autour étaient fort propres à être améliorées. Rien ne me convenait mieux, puisque naturellement j'avais beaucoup de goût pour l'agriculture et pour tous les soins qu'il faut se donner pour accroître les revenus d'une terre. D'ailleurs, ma maison de campagne était éloignée de la mer ; ce qui m'empêchait de renouveler mes folies par le commerce avec les gens de mer, et par le récit de tout ce qui regardait les pays lointains.

M'y étant établi avec ma famille, j'achetai des charrues avec tout ce qu'il faut pour cultiver les terres ; je me fournis de charrettes, d'un chariot, de chevaux, de vaches, de brebis ; et me mettant à travailler avec application, je me vis en six mois de tems un véritable gentilhomme campagnard. Je me donnai tout entier à diriger mes laboureurs, à planter, à faire des enclos, et je crus mener la vie la plus fortunée que la nature puisse fournir à un homme qui, après de longs embarras, cherche un asile contre de nouvelles infortunes.

Je cultivais ma propre terre ; je n'avais point de rentes à payer ; j'étais le maître de planter, d'arracher, de bâtir, de jeter bas, comme je le trouvais à propos. Tout ce que je recueillais était pour moi-même, et toutes mes *améliorations* étaient pour le bien de ma postérité. Je ne songeais plus à reprendre le cours de ma vie errante, et me trouvant exempt de tout chagrin, je croyais véritablement avoir atteint cette heureuse médiocrité dont mon père m'avait si souvent fait l'éloge : les douceurs que je goûtais alors dans la vie, me rappelaient souvent dans l'esprit ces vers d'un poëte :

> *Eloigné des cours et des vices,*
> *Ici, du siècle d'or je trouve le destin.*
> *La jeunesse en nos champs est libre de caprices,*
> *Et la vieillesse est sans chagrin.*

Je fus troublé dans cette félicité par un seul coup imprévu de la Providence, dont non-seulement le funeste effet était irrémédiable ; mais dont les conséquences me replongèrent encore dans mes fantaisies plus profondément que jamais. Cette funeste disposition à courir le monde ressemblait, chez moi, à une maladie qui est dans le sang, et qui, retenue pendant quelque tems par les remèdes, s'empare du corps avec une violence irrésistible. Le coup dont je parle était la perte de mon épouse.

Mon but n'est pas ici de faire son panégyrique, d'entrer dans le détail de ses bonnes qualités, et de faire la cour au beau sexe en composant une harangue en l'honneur de ma femme. Je dirai seulement qu'elle était le soutien de toutes mes affaires, le centre de tous mes projets, l'auteur de toute ma félicité, puisque par sa prudence elle m'avait détourné de l'exécution de mes desseins chimériques. Ses tendres discours avaient fait de plus utiles impressions sur moi, qu'autrefois ma propre raison, les larmes d'une mère, les sages préceptes d'un père éclairé, et les prudens conseils de mes amis, n'auraient été capables d'en faire sur mon esprit. Je m'étais félicité mille fois de m'être laissé gagner par sa douceur et par son attachement pour moi, et par sa mort je me considérais comme un homme déplacé dans le monde, privé de tout secours et de toute consolation.

Dans ce triste état, je me voyais aussi étranger dans ma patrie que je l'étais dans le Brésil lorsque j'y abordai ; et quoique environné de mes domestiques, je me trouvais presque aussi seul que je l'avais été dans mon île. Je ne savais quel parti prendre ; je voyais autour de moi tous les hommes occupés, les uns à gagner leur vie par le travail le plus rude, les autres à se perdre dans de ridicules vanités, ou à s'abimer dans les vices les plus honteux, sans atteindre les uns et les autres à la félicité que tout le monde se propose pour unique but. Je voyais les riches tomber dans le dégoût du plaisir par l'habitude de s'y livrer, et s'amasser, par leurs débauches, un trésor fatal de douleurs et de remords ; je voyais le pauvre, au contraire, employer toutes ses forces pour gagner de quoi le soutenir, et roulant dans un cercle perpétuel de peines et d'inquiétudes, ne travailler que pour vivre, et ne vivre que pour travailler.

Ces réflexions me firent ressouvenir de la vie que j'avais menée autrefois dans mon petit royaume, où je n'avais semé qu'autant de blé qu'il m'en fallait pour un an, et où je n'avais pas daigné ramasser de grands troupeaux, parce qu'ils ne m'étaient pas nécessaires pour ma nourriture ; enfin où je laissais moisir l'argent sans l'honorer d'un seul de mes regards pendant plus de vingt années.

Si de toutes ces considérations j'avais tiré le fruit vers lequel la raison et la réflexion me guidaient, j'aurais appris à chercher une félicité parfaite ailleurs que dans les plaisirs de cette vie ; j'aurais tourné mes idées vers une fin fixe où tend tout ce qui nous arrive sur la terre, et à laquelle la vie présente doit servir de préparatif ; en un mot, j'aurais dû songer à un bonheur dont il est de notre intérêt de nous assurer la possession, et dont nous pouvons dès à présent goûter les prémices.

Mais en perdant mon épouse j'avais perdu mon guide ; j'étais comme un vaisseau sans gouvernail, que les vents ballottent à leur gré ; ma tête s'ouvrait de nouveau aux courses et aux aventures ; tous mes amusemens innocens, mes terres, mon jardin, ma famille, mon bétail, qui m'avaient donné une occupation si satisfaisante, n'avaient plus rien de piquant pour moi. C'était de la musique pour un homme qui n'avait point d'oreilles, et des mets pour un malade dégoûté et sans appétit. Cette triste insensibilité pour tout ce qui m'avait procuré, quelque tems anparavant, les plus doux plaisirs, me fit prendre le parti d'abandonner la campagne, et de retourner à Londres.

Ce même ennui m'y accompagna : je n'y avais aucune affaire ; j'y courais çà et là, sans dessein, comme un homme désœuvré, de qui on peut dire qu'il est absolument inutile parmi tous les êtres créés, et dont la vie et la mort doivent être également indifférentes pour les autres hommes.

C'était aussi, de toutes les situations de la vie humaine, celle pour laquelle j'avais le plus d'aversion, accoutumé comme j'étais, depuis ma plus tendre jeunesse, à une vie active. A mon avis, les paresseux sont la lie du genre humain ; aussi je croyais ma conduite présente infiniment moins conforme à l'excellence de ma nature, que celle que j'avais tenue dans mon île, en employant un mois entier pour faire une planche.

Au commencement de l'année 1693, mon neveu, que j'avais élevé pour la mer, et à qui j'avais donné un vaisseau à commander, revint d'un petit voyage qu'il avait fait à Bilbao, le premier qu'il eût fait en qualité de *maître*. M'étant venu voir, il me dit que certains marchands lui avaient proposé de faire, pour eux, un voyage dans les Indes et à la Chine (1).

« Eh bien ! mon oncle, continua-t-il, feriez-vous
» si mal de venir avec moi ? Je me fais fort de vous
» faire revoir votre île ; car j'ai ordre de toucher (2)
» au Brésil. »

Rien, à mon avis, n'est une preuve plus sensible d'une vie à venir et de l'existence d'un monde invisible, qu'un certain concours des causes secondes

---

(1) *Grand empire d'Asie, borné au nord par une muraille de plus de quatre cents lieues, qui le sépare de la Tartarie ; il a environ 750 lieues de longueur sur 500 de large.*

(2) *Aborder dans un endroit pour en repartir de suite,*

avec les idées qui nous roulent dans l'esprit, sans que nous les communiquions à personne.

Mon neveu ignorait parfaitement jusqu'à quel point mon penchant de courir le monde s'était ranimé, et je ne savais rien de mon côté de sa nouvelle entreprise. Cependant le même matin, sans que je m'attendisse à sa visite, je m'étais occupé à comparer mes désirs avec toutes les circonstances de la condition où je me trouvais et j'avais pris à la fin la résolution que voici : Je voulais aller à Lisbonne pour consulter mon vieux capitaine portugais sur mes desseins, et s'il les trouvait sensés et praticables, je voulais m'assurer d'une patente qui me permît de peupler mon île, et d'y emmener avec moi une colonie. A peine me fus-je fixé à cette pensée, que voilà précisément mon neveu qui entre et qui me propose d'y aller avec lui.

Sa disposition me jeta d'abord dans une profonde rêverie ; et après l'avoir regardé attentivement pendant une minute : « Quel malin esprit, lui dis-je, » vous a envoyé ici pour me fourrer dans la tête » cette malheureuse idée ? » Il parut d'abord étonné de ces paroles ; mais s'apercevant cependant que je n'avais pas un fort grand éloignement pour ce projet, il se remit : « Comment donc ! monsieur, me dit-il, » cette proposition est-elle si fort à rejeter ? Il est » assez naturel, ce me semble, que vous souhaitiez » de revoir vos petits états, où vous avez régné autrefois avec plus de félicité que n'en goûtent vos » frères les autres monarques. »

En un mot, le projet répondait avec tant de justesse à la disposition de mon esprit, que j'y consentis, et que je lui dis que, s'il s'accordait avec ses marchands, par rapport à ces voyages, j'étais résolu à le suivre, pourvu que je ne fusse pas obligé d'aller plus loin que mon île.

« Mais, monsieur, me dit-il, je n'espère pas que

» vous ayez envie d'y être laissé, et d'y vivre de
» nouveau à votre vieille manière. — Pour dire
» tout, répondis-je, ne pouvez-vous pas me re-
» prendre en revenant des Indes ? » Il me répliqua
qu'il n'y avait point d'apparence que ses marchands
lui permissent de faire ce détour avec un vaisseau
chargé, puisqu'il pouvait allonger le voyage de plusieurs mois. « D'ailleurs, dit-il, si j'avais le malheur
» de faire naufrage, vous seriez précisément dans
» la même et triste situation dont vous vous êtes
» tiré avec tant de bonheur. »

Il y avait beaucoup de bon sens dans cette objec-
tion ; mais nous trouvâmes un moyen pour remédier
à cet inconvénient ; ce fut d'embarquer avec nous
toutes les pièces formées d'une grande chaloupe, et
quelques charpentiers qui pussent, en cas de besoin,
les joindre ensemble, et y donner la dernière main
dans l'île ; ce qui me faciliterait de passer de là dans
le continent.

Je ne fus pas long-tems à prendre ma dernière
résolution ; car les importunités de mon neveu s'ar-
rangeaient si bien avec mon inclination, qu'aucun
motif au monde ne fut capable de la contre-balancer.
D'un autre côté, ma femme étant morte, il n'y avait
personne qui s'intéressât assez dans mes affaires
pour me détourner de ce dessein, excepté ma vieille
veuve, qui fit tout son possible pour m'arrêter par
la considération de mon âge, de ma fortune, l'inu-
tilité d'un voyage si dangereux, et surtout de mes
petits enfans. Mais tous ses discours ne servirent de
rien : je lui dis que mon désir de voyager était invincible, et que les impressions qu'il faisait sur mon
esprit étaient si peu communes, que, si je restais
chez moi, je croirais désobéir aux ordres de la Providence. Me voyant tellement affermi dans ma résolution, elle mit non-seulement fin à ses conseils,
mais elle me donna toute sorte de secours pour faire

mes préparatifs et mes provisions, pour régler mes affaires et l'éducation de mes enfans.

Pour ne rien négliger à cet égard, je fis mon testament, et laissai mes biens en de si bonnes mains, que j'étais persuadé que mes enfans ne perdraient rien de ce côté-là, quelque accident qui pût m'arriver ; et pour la manière de les élever, je m'en remis entièrement à ma bonne veuve, à qui je destinai en même tems un petit revenu suffisant pour vivre à son aise. J'ai vu dans la suite que jamais bienfait ne fut mieux employé ; qu'une mère ne pouvait pas avoir des soins plus tendres pour ses propres enfans, et qu'il n'était pas possible de s'y conduire avec plus de prudence. Cette bonne dame vécut assez long-tems pour me voir de retour, et pour sentir de nouveaux effets de ma reconnaissance.

Mon neveu fut prêt à mettre à la voile au commencement de janvier 1694, et je m'embarquai avec mon fidèle *Vendredi* dans les Dunes (1) le 18, ayant avec moi, outre ma *chaloupe démontée*, une cargaison considérable de toutes sortes de choses nécessaires pour ma colonie, dans le dessein de tout garder dans le vaisseau si je ne trouvais pas mes sujets dans un état convenable.

Premièrement, j'avais avec moi quelques valets que j'avais envie de laisser dans mon île, et de les y faire travailler pour mon compte pendant que j'y serais ; à eux permis d'y rester ou de me suivre quand je prendrais la résolution d'en sortir. Il y avait parmi eux deux charpentiers, un serrurier et un autre garçon fort ingénieux, qui, quoique *tonnelier* de son métier, était un machiniste universel. Il était fort adroit à faire des roues, et des moulins à bras pour moudre le blé ; de plus, il était *tourneur* et *potier*, et capable de faire dans la perfection toutes

---

(1) *Grande rade, dans le comté de Kent.*

sortes d'ouvrages en *bois* ou en *terre*; en un mot, il méritait fort bien le nom de *factotum*, que nous lui donnâmes.

Outre ceux-là, je menais avec moi un tailleur, qui s'étant offert d'aller aux Indes avec mon neveu en qualité de passager, consentit ensuite de s'établir dans ma colonie : c'était un garçon fort adroit, et que je trouvai, dans l'occasion, d'un fort grand service, par rapport à plusieurs choses même éloignées de son métier; car, comme j'ai déjà dit, rien n'enseigne mieux la mécanique, que la nécessité.

Ma cargaison, autant que je puis m'en souvenir, consistait dans une assez grande quantité de toiles, et de petites étoffes minces propres à habiller les Espagnols, que je m'attendais de trouver dans mon île; et il y en avait assez, selon mon calcul, pour les tenir propres pour plus de sept ans, Si l'on y ajoute toutes les autres choses nécessaires pour les couvrir, comme gants, chapeaux, souliers, bas, il y en avait environ pour trois cents livres sterling, y compris tout ce qu'il fallait pour des lits, et la batterie de cuisine, pots, chaudrons, et du cuivre pour en faire un plus grand nombre. J'y avais joint à peu près cinq cents livres pesant de fer travaillé, comme clous, outils de toutes sortes, crochets, gonds, serrures, etc.

Je ne dois pas oublier une centaine d'armes à feu de réserve, mousquets, fusils, pistolets, beaucoup de plomb de tout calibre, et deux pièces de canon de bronze; et comme il m'était impossible de prévoir les dangers où ma colonie pouvait être engagée un jour, j'avais encore chargé le vaisseau d'une centaine de barils de poudre à canon, d'épées, de sabres et de plusieurs fers de piques et de hallebardes. Outre cela, je priai mon neveu de prendre avec lui deux petits canons de tillac, avec le nombre qu'il lui en fallait, afin de les laisser dans l'île, s'il était nécessaire d'y bâtir un fort et de se mettre en défense

contre quelque ennemi. Cette précaution n'était pas
inutile, comme j'eus lieu de le penser en y arrivant ;
et l'on verra par la suite de cette histoire, qu'il n'en
fallait pas moins si l'on voulait se maintenir dans la
possession de l'île.

Ce voyage réussit beaucoup mieux que les autres
que j'avais faits par mer, et par conséquent je ne
serai pas fort souvent obligé d'arrêter, par le récit
de quelque accident fâcheux, le lecteur impatient
apparemment de savoir l'état où se trouvait ma colonie. Il est vrai cependant que nous eûmes d'abord
des vents contraires, et quelques autres contre-tems
qui firent durer le voyage plus que je n'avais espéré.
Mon voyage de Guinée avait été jusque-là l'unique
dont je fusse revenu comme je l'avais projeté ; ce
qui me fit croire que je serais toujours malheureux
dans mes courses : ma destinée était de n'être jamais
content sur terre, et d'avoir toujours des infortunes
en mer.

Les vents contraires, qui nous poussèrent au commencement vers le nord, nous forcèrent à entrer
dans le port de *Gollowart* en Irlande, et nous y
retinrent pendant vingt-trois jours ; mais nous
avions cet agrément dans ce petit désastre, que les
vivres y étaient abondans et à bon marché, en sorte
que, bien loin de diminuer nos provisions, nous
eûmes occasion de les augmenter. J'y fis embarquer
plusieurs cochons et veaux, avec deux vaches, que
j'avais dessein, si nous avions un heureux passage,
de débarquer dans mon île ; mais je fus obligé d'en
disposer autrement.

Nous remîmes à la voile le 5 février avec un vent
frais qui dura pendant plusieurs jours sans aucune
mauvaise rencontre, excepté un accident qui vaut
bien la peine d'être rapporté dans toutes ses circonstances. Le soir du 20 février, nous vîmes entrer
le matelot qui était en sentinelle ; il nous dit qu'il

2.

avait vu de loin un *éclat de lumière* suivi d'un coup
de canon; et immédiatement après un mousse vint
nous dire que le *bosseman* en avait entendu un
second.

Là-dessus nous montâmes sur le tillac, où, pendant quelques momens, nous n'entendîmes rien;
mais peu de minutes après nous découvrîmes une
grande lumière, et nous conjecturâmes de là que
c'était un grand incendie.

Nous eûmes d'abord recours à notre *estime* (1),
qui nous fit convenir, unanimement, qu'il ne pouvait
y avoir de ce côté-là aucune terre dans l'espace de
cinq cents lieues, car le feu paraissait à l'ouest-nord-
ouest de nous. Nous conclûmes de là que le feu devait avoir pris à quelque vaisseau; les coups de
canon qu'on venait d'entendre nous persuadèrent
que nous n'en étions pas loin, et nous étions sûrs
qu'en suivant notre cours nous en approchions,
parce que de moment à autre la flamme nous paraissait plus grande. Cependant le tems se trouvant
nébuleux, nous ne pûmes rien voir que du feu; mais
une demi-heure après, poussés par un vent favorable, quoique assez petit, et le tems s'étant un peu
éclairci, nous aperçûmes distinctement un grand
vaisseau dévoré par le feu, au milieu de la mer.

Je fus sensiblement touché de ce triste spectacle,
quoique rien ne m'intéressât aux personnes qui
étaient en danger, que les liens ordinaires de l'humanité. Ces sentimens de compassion furent extrêmement réveillés en moi pour le souvenir de l'état
où j'étais lorsque le capitaine portugais me prit
dans son bord au milieu de l'Océan; état qui n'était

---

(1) *Calcul que le pilote fait tous les jours du
sillage du navire, afin de juger à peu près du chemin qu'il a fait, et du lieu où il est.*

pas, à beaucoup près, aussi déplorable que la situation où se devaient trouver ceux du vaisseau en
question, s'il n'y avait aucun autre bâtiment qui
allât avec eux de conserve. J'ordonnai dans le moment qu'on fît feu de cinq canons, l'un immédiatement après l'autre, afin de leur faire savoir qu'il
y avait près de là un navire prêt à les secourir, et
qu'ils fissent leurs efforts pour se sauver de notre
côté dans leur chaloupe; car, quoique nous pussions
voir leur vaisseau par le moyen de la flamme, il ne
leur était pas possible de nous apercevoir, à cause
de l'obscurité de la nuit.

Nous mîmes à la cape (1) pendant quelque tems;
et en attendant le jour nous laissâmes aller le vaisseau du côté où nous découvrîmes le bâtiment embrasé ; mais pendant cette manœuvre nous vîmes,
avec une grande frayeur, quoique nous eussions lieu
de nous y attendre, le navire sauter en l'air, et quelques momens après le feu s'éteindre, apparemment
à cause que le reste du vaisseau était allé à fond.
C'était un spectacle terrible et affligeant, surtout
par la compassion qu'il nous donna de ces pauvres
malheureux qui devaient être tous détruits par les
flammes, où bien errer avec leur chaloupe dans le
vaste océan ; c'est de quoi les ténèbres ne nous per-
mirent pas de juger. La prudence voulut pourtant
que je supportasse le second cas ; et pour les guider
du mieux qu'il me fut possible, je fis descendre des
lanternes de tous les côtés du vaisseau, et tirer le
canon pendant toute la nuit, afin de leur faire connaître qu'ils n'étaient pas loin de nous.

Le lendemain, environ à huit heures, nous découvrîmes, par le moyen de nos lunettes d'approche,
deux chaloupes surchargéés de monde, et nous aper-

(1) *Signifie ne se servir que de la grande voile.*

çûmes que ces pauvres gens, ayant le vent contraire, faisaient force de rames, et que nous ayant
vus, ils faisaient toutes sortes de signaux pour se
faire voir de nous.

Nous leur donnâmes à notre tour le signal ordinaire de venir à bord, et en même tems nous fîmes
plus de voiles pour nous mettre plus à portée. En
moins d'une demi-heure nous les joignîmes, et les
laissâmes tous entrer dans le vaisseau. Ils étaient au
moins au nombre de soixante, tant hommes que
femmes et petits enfans, et il y avait parmi eux plusieurs passagers.

Nous apprîmes que le vaisseau sauté en l'air était
de trois cents tonneaux; allant de Québec (1) dans
la rivière du Canada, vers la France; et le maître
nous raconta au long toutes les particularités de ce
désastre.

Le feu avait commencé, par l'imprudence du timo-
nier, dans la gésole, ou cabinet où l'on met la boussole, les chandelles, etc. Tout le monde étant ac-
couru au secours, on l'avait cru absolument éteint;
mais on s'aperçut dans la suite que quelques étin-
celles étaient tombées dans certains endroits du
vaisseau, où il était impossible d'atteindre. De là il
avait gagné la quille, d'où il s'était répandu par
tout le corps du bâtiment avec une telle violence,
que ni le travail ni l'industrie n'avaient été capables de le maîtriser. Le seul parti qui leur était
resté à prendre, avait été d'abandonner le navire:
par bonheur, ils avaient deux chaloupes assez
grandes, et un petit esquif qui ne leur pouvait servir
qu'à mettre des provisions et de l'eau fraîche. Dans

---

(1) *Grande et belle ville de l'Amérique septentrionale, capitale du Canada, avec une bonne rade
et un bon port.*

oette situation , toute leur consolation était d'être échappés du feu , sans pouvoir espérer raisonnablement de se sauver, étant à une si grande distance de terre. Le seul bonheur dont ils pouvaient se flatter, était de trouver quelque bâtiment en mer qui voulût bien les prendre sur son bord. Ils avaient des voiles, des rames, une boussole, et ils se préparaient à retourner vers *Terre-Neuve* (1) avec un vent favorable ; toute la provision qu'ils avaient n'était tout au plus que suffisante pour les empêcher de mourir de faim pendant douze jours , dans lequel espace de tems , s'ils avaient le vent favorable , ils espéraient de venir jusqu'au banc de ce pays-là , et de s'y soutenir, par le moyen de la pêche, jusqu'à ce qu'ils pussent venir à terre : mais ils avaient à craindre tant de hasards , des tempêtes , des vents contraires, des pluies capables de les engloutir, que s'ils se sauvaient, ce ne pouvait être que par une espèce de miracle.

Au milieu de leurs délibérations , étant presque tous désespérés, ils avaient entendu, avec une joie inexprimable , un coup de canon , suivi de quatre autres : leur courage en avait été tout ranimé , et , conformément à mon intention, ils avaient compris par-là qu'ils étaient à la portée d'un vaisseau qui leur offrait du secours.

Là-dessus ils avaient mis bas les mâts et leurs voiles, parce que le vent ne leur permettait pas de nous approcher , et quelque tems après, leurs espérances avaient été redoublées par la vue de nos lumières , et par nos coups de canon qui se suivaient

_____

(1) *Grande île de l'Océan, sur la côte orientale de l'Amérique septentrionale. C'est là que se fait la pêche de la morue.*

par intervalles pendant toute la nuit : ils avaient aussi tiré trois coups de mousquet, mais nous ne les avions point entendus à cause du vent contraire. Ils avaient mis pourtant leurs rames à l'eau, pour s'empêcher du moins d'être emportés par les vents, et afin que nous pussions les approcher plus facilement. A la fin ils s'étaient aperçus, avec une satisfaction inexprimable, que nous les avions en vue.

Il m'est impossible de peindre les gesticulations surprenantes, les extases et les postures variées avec lesquelles ces pauvres gens exprimaient la joie qu'ils sentaient d'une délivrance si peu attendue. L'affliction et la crainte peuvent être décrites assez facilement ; des soupirs, des larmes, des cris, quelques mouvemens de la tête et des mains en font toute la variété ; mais un excès de joie, surtout d'une joie subite, emporte l'homme à un nombre infini d'extravagances opposées l'une à l'autre.

Quelques-uns de ces pauvres gens étaient noyés de larmes ; d'autres, furieux, déchiraient leurs habits, comme s'ils avaient été dans le plus cruel désespoir ; les uns paraissaient fous à lier : ils couraient çà et là, frappaient du pied et se tordaient les mains ; les autres dansaient, chantaient, faisaient des éclats de rire, et poussaient des cris de joie ; ceux-ci étaient tout stupéfaits, étourdis et incapables de prononcer une seule parole ; ceux-là étaient malades, et semblaient prêts à tomber en faiblesse. Enfin le moindre nombre faisait le signe de la croix, et remerciait Dieu de sa délivrance.

Je ne rapporte pas cette dernière circonstance pour donner mauvaise opinion d'eux ; je ne doute pas que dans la suite ils n'aient rendu grâces au ciel du fond de leurs âmes ; mais ils étaient au commencement si passionnés, qu'ils n'étaient pas les maîtres de leurs mouvemens et de leurs pensées ;

ils étaient plongés dans une espèce de frénésie, et il y en avait peu parmi eux qui eussent assez de force d'esprit pour être modérés dans leur joie.

Il se peut bien que leur tempérament contribuât à l'excès de leurs transports : c'étaient des Français, peuple plus vif, plus passionné, et plus propre que tout autre à donner dans des extrémités contraires. Je ne suis pas assez philosophe pour raisonner là-dessus à fond ; mais je puis dire que je n'avais jamais vu une pareille expression de joie. Rien n'en approche davantage que les extravagances où se laissa emporter mon fidèle *Vendredi* en trouvant son père lié dans le canot ; j'avoue encore qu'il y avait quelque chose de semblable dans la surprise du capitaine anglais et de ses deux compagnons, que je délivrai autrefois des mains des traîtres qui voulaient les abandonner dans mon île ; mais dans le fond, tout cela n'est pas comparable à ce que je remarquai dans cette occasion-ci.

Il faut observer encore que toutes ces extravagances n'éclataient pas séparément dans ces Français, de la manière que je l'ai dépeint ; elles se succédaient rapidement avec toute cette variété dans chaque individu. Celui qui, dans un moment, paraissait étourdi et stupéfait comme un homme frappé de la foudre, se mettait l'instant d'après à danser, à sauter et à crier comme un fou ; tantôt il s'arrachait les cheveux, déchirait ses habits, et les foulait aux pieds comme un habitant des Petites-Maisons ; tantôt il versait un torrent de larmes, le cœur lui manquait, il tombait en défaillance ; et si on ne l'avait secouru, la mort aurait suivi la violence de tous ses mouvemens. Il n'en était pas ainsi de quelques-uns ou du moindre nombre, mais de presque tous autant qu'ils étaient ; et si je m'en souviens bien, notre chirurgien fut obligé d'en saigner une trentaine.

Il y avait deux prêtres parmi eux : l'un encore
jeune, l'autre avancé en âge ; et ce qu'il y a de plus
surprenant, le plus vieux était le moins sage. Dès
qu'il mit le pied sur le bord de notre vaisseau,
il tomba tout roide comme s'il était mort. Notre
chirurgien mit d'abord en œuvre des remèdes propres à le faire revenir à lui, étant le seul dans le
vaisseau qui lui crût encore un souffle de vie ; ensuite lui ayant frotté le bras pour le réchauffer, et
pour lui faire venir le sang, il le saigna. Le sang ne
coula d'abord que goutte à goutte ; mais il sortit
ensuite avec plus de liberté. Trois minutes après, le
bonhomme ouvrit les yeux, et dans un quart
d'heure de tems il parla, et fut entièrement rétabli.
Dès que le sang fut arrêté, il commença à se promener, en nous assurant qu'il se portait bien ; et le
chirurgien trouva bon de lui donner un verre de liqueur cordiale. Après un quart d'heure d'intervalle,
quelques Français vinrent dans la chambre où le
chirurgien était occupé à saigner une femme, disant
que le prêtre avait absolument perdu l'esprit ; peut-
être qu'ayant réfléchi avec trop d'attention sur le
changement subit de son état, cette réflexion l'avait
jeté dans une nouvelle extase de joie ; là-dessus son
sang était devenu chaud et fiévreux, et certainement il avait acquis, en moins de rien, toutes les
qualités requises pour habiter l'hôpital des fous. Le
chirurgien ne trouva pas à propos de redoubler la
saignée, mais il lui donna quelque chose pour l'as-
soupir ; ce qui opéra quelque tems après, et le lendemain il s'éveilla également sain de corps et
d'esprit.

Le jeune prêtre modéra ses passions avec une
grande fermeté, et nous donna le véritable modèle
d'un esprit sensé et maître de lui-même. Dès qu'il
fut à notre bord, il se prosterna pour rendre grâces
à Dieu de son heureuse délivrance ; je fus assez mal-

heureux de le troubler dans cette louable action, le croyant évanoui. Il leva la tête pour me dire d'un air fort tranquille, qu'il était occupé à témoigner sa reconnaissance à Dieu. « Je vous conjure, ajouta- » t-il, de me permettre de continuer encore quel- » ques momens ; j'aurai l'honneur ensuite de vous » remercier comme celui à qui, après le ciel, je » suis redevable de la vie. »

J'étais fort mortifié de l'avoir interrompu, et non-seulement je le laissai en repos, mais j'empêchai les autres de troubler sa dévotion.

Après être demeuré dans cette posture pendant quelques minutes, il vint me joindre, et d'une manière tendre et grave en même tems, les yeux pleins de larmes, il me remercia, et rendit grâces à Dieu de s'être servi de moi pour sauver la vie à tant d'autres misérables. Je lui répondis que j'étais charmé de lui avoir donné cette occasion de marquer sa reconnaissance envers Dieu ; que je n'avais rien fait que ce que la raison et l'humanité devaient inspirer à tous les hommes, et que je croyais devoir de mon côté remercier Dieu de ce qu'il s'était servi de moi pour conserver tant de créatures faites à son image.

Après cette conversation, cet homme de bien fit tous ses efforts pour calmer les passions de ses compatriotes, par des exhortations, des prières, des raisonnemens, enfin par tout ce qui était capable de leur faire renfermer leur joie dans les bornes de la modération. Il réussit assez bien avec quelques-uns ; mais la plupart ne se possédaient pas assez pour profiter de ses leçons.

J'ai voulu mettre toutes ces particularités par écrit, parce que le lecteur pourra apprendre par-là à guider ses passions. Un excès de joie emporte l'homme plus loin que les transports de la douleur, de la colère et de la rage ; et j'ai vu, dans cette oc-

Tome III. 3

casion, combien il faut veiller sur ces mêmes passions, de quelque nature qu'elles puissent être,
puisque les emportemens de joie ne sont pas moins
dangereux pour nous que les autres mouvemens de
cœur, qui passent pour les plus dangereux.

Nous fûmes un peu dérangés le premier jour par
l'extravagance de nos hôtes; mais après leur avoir
donné les logemens que notre vaisseau était en état
de fournir, et après qu'ils eurent bien dormi, tout
fut tranquille, et nous les vîmes tout autres.

Ils nous donnèrent toutes les marques de reconnaissance que les sentimens et la politesse sont capables de dicter. Le capitaine et un des religieux
me vinrent voir le lendemain, pour me dire qu'ils
souhaitaient fort de me parler, aussi bien qu'à mon
neveu, qui commandait le vaisseau, afin de nous
consulter sur leur sort. Dès que mon neveu fut venu,
ils commencèrent par nous dire que tout ce qu'ils
avaient au monde n'était pas capable de nous ré-
compenser du service important que nous leur
avions rendu. Le capitaine prit alors la parole, et me
dit qu'ils avaient dans leurs chaloupes d'autres
choses de prix sauvées des flammes à la hâte, et
qu'ils avaient ordre de nous offrir tout cela, si nous
voulions bien l'accepter; qu'ils nous conjuraient
seulement de les mettre à terre en quelque endroit
d'où il leur fût possible de regagner la France.

Mon neveu parut d'abord assez porté à accepter
leurs présens, quitte à voir après ce qu'il pourrait
faire en leur faveur; mais j'eus assez de pouvoir
sur lui pour l'en détourner, sachant ce que c'est
que d'être abandonné sans argent dans un pays
étranger. Je me ressouvins que, si le capitaine portugais en avait usé de cette manière avec moi, et
m'avait fait acheter son bienfait de tout ce que j'a-
vais au monde, je serais mort de faim, à moins
que de rentrer dans un esclavage pareil à celui que
j'avais souffert en Barbarie, et peut-être pire, puis-

qu'il n'est pas trop sûr qu'un Portugais soit un meilleur maître qu'un Turc.

Je répondis donc au capitaine français que, si nous l'avions secouru lui et ses gens dans leur malheur, nous n'avions fait que ce que l'humanité voulait que nous fissions pour notre prochain, et que nous souhaitions qu'on nous fît de même en pareille extrémité. « Nous sommes persuadés, lui
» dis-je, que vous nous auriez donné la même assis-
» tance si vous aviez été dans notre situation et
» nous dans la vôtre, et que vous nous l'auriez
» donnée sans aucune vue d'intérêt. Nous vous
» avons pris à notre bord, monsieur, poursuivis-je,
» pour vous conserver et non pas pour jouir de vos
» dépouilles ; et je ne trouverais rien de plus bar-
» bare que de vous mettre à terre après vous avoir
» pris les restes que vous avez arrachés aux flammes :
» ce serait vous sauver la vie pour vous tuer ensuite
» nous-mêmes ; ce serait vous empêcher de vous
» noyer pour vous faire mourir de faim : ne croyez
» donc pas que je permette qu'on accepte la moindre
» chose de ce que votre reconnaissance vous porte
» à nous offrir. Pour ce qui regarde le parti que
» vous nous proposez de vous mettre à terre, la
» chose est d'une grande difficulté : notre vaisseau
» est destiné pour les Indes-Orientales, quoique nous
» soyons détournés considérablement de notre cours
» du côté de l'ouest, dirigés sans doute par la Pro-
» vidence pour vous tirer d'un danger si terrible ;
» nous ne sommes pas les maîtres de changer notre
» route de propos délibéré, pour l'amour de vous ;
» mon neveu, le capitaine, n'en pourrait jamais
» répondre devant les propriétaires, à qui il s'est
» engagé de continuer son voyage après avoir
» touché au Brésil. Tout ce qu'il nous est possible
» de faire pour vous, c'est de prendre notre route
» du côté où nous pouvons nous attendre à ren-
» contrer des navires qui retournent des Indes-

» Occidentales, et de vous procurer par-là le moyen
» de passer en Angleterre ou en France. »

La première partie de ma réponse était si pleine
d'humanité, et de générosité même, que ces mes-
sieurs ne pouvaient qu'en être extrêmement satisfaits ; mais il n'en était pas ainsi par rapport au
reste, et les passagers surtout étaient fort conster-
nés par la crainte d'être obligés d'aller avec nous
dans les Indes-Orientales. Ils me conjurèrent que,
puisque nous étions tellement dérivés du côté de
l'ouest avant que de les rencontrer, j'eusse du
moins la bonté de suivre le même cours jusqu'aux
bancs de Terre-Neuve, où peut-être ils pourraient
louer quelque bâtiment pour retourner au Canada
d'où ils étaient partis.

Je trouvais cette proposition raisonnable, et
j'étais fort porté à la leur accorder ; je considérais
que de traîner cet équipage jusqu'aux Indes, ne
serait pas seulement un parti triste et insupportable
pour ces pauvres gens, mais qu'il pourrait entièrement ruiner notre voyage, en faisant une brèche
irréparable dans nos provisions. Je ne croyais pas
d'ailleurs enfreindre le contrat que mon neveu avait
fait à ses marchands, en me prêtant à un accident
imprévu. Certainement ni les lois de la nature, ni
les lois révélées ne pouvaient nous permettre d'a-
bandonner à une mort presque inévitable un si grand
nombre de gens ; et puisque nous les avions pris à
notre bord, notre propre intérêt, aussi bien que
le leur, nous obligeait de les mettre quelque part à
terre. Je consentis donc à suivre notre route, comme
ils le souhaitaient, et si les vents rendaient la chose
impossible, je leur promis de les débarquer à la
Martinique 1), dans les Indes-Occidentales.

_____

(1) Île considérable de l'Amérique septentrionale.

Le tems cependant continua à être beau avec un vent assez vigoureux qui resta quelque tems entre le nord-est et le sud-est, ce qui nous fit manquer plusieurs occasions d'envoyer nos gens en Europe. Il est vrai que nous rencontrâmes plusieurs vaisseaux destinés pour cette partie du monde ; mais ils avaient lutté si long-tems avec les vents contraires qu'ils n'osèrent se charger de passagers, de peur de mourir de faim tous ensemble. De cette manière, nous fûmes forcés de pousser notre voyage jusqu'à ce qu'une semaine après nous arrivâmes aux bancs de *Terre-Neuve*. C'est là que nous mîmes nos Français dans une barque qu'ils avaient louée, en pleine mer, pour les mettre à terre, et pour de là les conduire en France, s'il leur était possible de trouver là assez de provisions pour les avitailler.

Le seul passager français qui resta à notre bord, était le jeune prêtre qui, ayant appris que notre dessein était d'aller aux Indes, souhaita de faire le voyage avec nous et d'être mis à terre sur la côte de *Coromandel* (1) : j'y consentis avec plaisir.

Cet homme-là me revenait extraordinairement, et non sans raison, comme on verra dans la suite. D'ailleurs, quatre matelots s'engagèrent avec nous : c'était de braves gens, qui nous furent d'un grand service.

De là nous prîmes la route des Indes-Occidentales, en faisant cours du côté du sud et du sud-quart à l'est, sans avoir beaucoup de vent, pendant une vingtaine de jours. Nous étions dans cette situation, quand nous rencontrâmes de nouveau de quoi exercer notre humanité sur un objet tout aussi déplorable que le premier.

(1) *Grand pays de l'Inde, dans la presqu'île en deçà du Gange.*

3.

Le 19 de mars 1695, nous trouvant dans la latitude septentrionale de 27 degrés 5 minutes, et faisant cours sud-est et sud-est-quart au sud, nous découvrîmes un grand vaisseau venant à nous. Nous ne pûmes pas d'abord le voir distinctement; mais en étant plus près, nous aperçûmes qu'il avait perdu le perroquet du grand mât, le mât d'artimon et le beaupré. Il tira d'abord un coup de canon, pour nous faire savoir qu'il était en détresse. Nous avions un vent frais nord-nord-est, et en peu de temps nous fûmes à portée de l'arraisonner (1).

Nous apprîmes qu'il était de Bristol (2), et qu'il revenait des Barbades (3); mais qu'aux Barbades mêmes il avait été jeté hors de la route, par un furieux ouragan quelques jours avant qu'il fût prêt à mettre à la voile, et dans le tems que le capitaine et le premier contre-maître étaient à terre : de manière qu'outre la violence de la tempête, il avait manqué au vaisseau des gens capables de le conduire. Il avait été attaqué par un second orage, qui l'avait absolument dérouté du côté de l'ouest, et réduit dans le triste état où nous le rencontrâmes. L'équipage s'était attendu à découvrir les îles de *Bahama* (4), mais il s'en était vu éloigné et jeté vers le

(1) *C'est-à-dire s'entendre avec ceux qui montaient l'équipage.*

(2) *Ville d'Angleterre, la plus marchande et la plus riche après Londres, avec un port.*

(3) *Colonie, après la Jamaïque, la plus considérable que les Anglais aient dans les Antilles.*

(4) *Iles de l'Amérique septentrionale, l'une des Lucayes.*

sud-est par un vent g illard de nord-nord-est, qui était précisément celui que nous avions alors ; et 'ayant qu'une voile au grand mât, et une autre car r e attachée à une espèce de mât d'artimon dressé à la hâte, il n'avait pas eu le moyen de serrer le vent, de sorte qu'ils avaient fait tous les efforts possibles pour atteindre les îles Canaries.

Ce qui mettait le comble au malheur de ces gens, c'est que, outre la fatigue que leur avaient donnée ces deux tempêtes, ils mouraient de faim. Il ne leur restait pas une seule once de pain ou de viande, depuis plus d'onze jours, et leur seule consolation était qu'ils n'avaient pas entièrement consommé leur eau, et qu'ils avaient encore environ un demi-tonneau de farine. Pour du sucre, il leur en restait abondamment, outre sept barils de rum. Ils avaient dévoré une assez grande quanti é de confitures.

Il y avait d'abord, comme passagers, un jeune homme avec sa mère, et une servante. Croyant le vaisseau prêt à mettre à la voile, ils s'étaient embarqués par malheur le soir avant ce terrible ouragan, et n'ayant plus rien de leurs provisions particulières, ils s'étaient trouvés dans une situation plus déplorable que les matelots, qu', réduits à la dernière extrémité eux-mêmes, n'avaient pas été susceptibles de compassion. On peut juger s'il est facile de décrire la malheureuse situation où s'était trouvée cette infortunée famille.

Peut-être n'aurais-je jamais su cette particularité, si, le tems étant doux et la mer calme, ma curiosité ne m'avait porté à aller à bord de ce malheureux navire. Le second contre-maître, qui était forcé, dans cette extrémité, de prendre le commandement du vaisseau, étant venu à notre bord, m'avait parlé de ces passagers comme des gens qu'il croyait morts ; il n'en avait pas entendu parler depuis plus de deux jours, parce qu'il avait eu peur

de s'en informer, n'étant pas en état de les sou-
lager dans leur misère.

Nous fîmes d'abord tous nos efforts pour donner
à ce malheureux équipage tous les secours qu'il nous
fut possible, et j'avais assez de pouvoir sur l'esprit de mon neveu pour le porter à les avitailler
entièrement, quand même nous aurions été par-là
dans la nécessité d'aller dans la Virginie, ou sur
quelque autre côte de l'Amérique, faire de nouvelles
provisions pour nous-mêmes Mais malheureusement nous ne fûmes pas obligés de pousser notre
charité jusque-là.

Ces pauvres gens étaient alors exposés à un nouveau danger, et il y avait tout à craindre de leur
gourmandise. Le contre-maître nous en amena six
dans sa chaloupe, qui paraissaient autant de sque-
lettes, et qui avaient à peine la force de remuer
leurs rames. Il était lui-même à moitié mort,
n'ayant rien réservé pour lui, et s'étant contenté
de la même portion qui avait été donnée pour la
subsistance du moindre matelot.

En mettant quelques mets devant lui, je l'avertis
d'en manger avec lenteur et sobriété ; mais à peine
en eut-il mangé trois bouchées, qu'il commença à
se trouver mal. Il fut assez prudent pour s'arrêter
d'abord, et notre chirurgien lui prépara un bouillon
propre à lui servir de remède et de nourriture en
même tems ; il fut mieux dès qu'il l'eut pris. Je
n'oubliais pas cependant ses compagnons, à
qui je donnais aussi de quoi manger. Ils le dévo-
rèrent véritablement, étant si affamés, qu'ils en
avaient contracté une espèce de rage, qui les empêchait d'être en aucune manière maîtres d'eux-
mêmes. Il y en eut même deux qui mangèrent avec
tant d'avidité, que le jour suivant ils en faillirent
mourir.

Ce spectacle était extrêmement touchant pour

moi , et me rappelait dans l'esprit la misère à laquelle je m'attendis autrefois, en mettant le pied sur le rivage de mon île , sans avoir la moindre provision , et sans m'apercevoir d'aucun moyen de trouver des vivres pour une seule journée, exposé d'ailleurs, à ce que je croyais, à servir bientôt moi-même de nourriture aux bêtes féroces.

Pendant tout le tems que le contre-maître était occupé à me réciter tout le détail de la misère de l'équipage , mes pensées roulaient sans discontinuation sur le sort des trois passagers, la mère, le fils et la servante, dont il n'avait rien entendu dire pendant deux jours, et que la disette extrême de ses propres gens l'avait forcé à négliger, selon son propre aveu. Je compris par-là qu'à la fin il ne leur avait donné aucune nourriture, et j'en conclus qu'ils devaient tous trois être morts de faim.

Je retins là-dessus le contre-maître, que nous appelions alors le capitaine, à notre bord, avec ses gens, pour qu'ils reprissent de la force par de bons alimens ; et songeant en même tems à rendre le même service au reste de l'équipage, je fis conduire à leur navire notre contre-maître avec notre chaloupe, montée de douze hommes, et chargée d'un sac plein de pain, et de six grosses pièces de bœuf. Notre chirurgien donna ordre à mes matelots de faire bouillir cette viande en leur présence, et de placer des sentinelles dans la chambre du cuisinier, pour détourner ces gens affamés de dévorer la viande toute crue , ou de l'arracher du pot avant qu'elle fût cuite comme il faut, et de ne leur en donner d'abord qu'une petite portion. Cette sage précaution leur conserva la vie ; et si l'on avait été négligent à cet égard , ils se seraient tués par le moyen de ces mêmes alimens qui leur étaient donnés pour les empêcher de mourir.

J'ordonnai en même tems à notre contre-maître

d'aller dans la chambre des passagers, pour voir dans quel état ils étaient, et pour leur donner les rafraîchissemens nécessaires, s'ils étaient encore en vie. Le chirurgien l'avait pourvu pour cet effet d'une grande écuelle pleine de son bouillon préparé, qui avait fait tant de bien à notre pauvre contre-maître, et qui, selon lui, était capable de le rétablir par degrés.

Peu satisfait encore de toutes ces mesures, et ayant grande envie de voir de mes propres yeux le triste spectacle que ce vaisseau pouvait me fournir d'une manière plus vive que ne pourrait jamais faire aucun récit, je pris avec moi celui que nous appelions alors le capitaine du vaisseau, et je suivis nos gens avec sa chaloupe.

Je trouvai tous ces pauvres affamés dans une espèce de sédition et prêts à arracher la viande du chaudron par force ; mais mon contre-maître, faisant son devoir, avait placé une garde à la porte de la chambre du cuisinier ; et voyant qu'il ne faisait rien par ses exhortations, il employa la violence pour faire du bien à ces gens en dépit d'eux-mêmes. Il eut pourtant la condescendance de faire tremper suffisamment quelques biscuits dans le pot, et de leur en faire donner à chacun un pour apaiser un peu la fureur de leur appétit, les priant de croire que c'était pour leur propre conservation qu'il ne leur en donnait que peu à la fois. Mais tout cela n'avait pas été capable de les apaiser ; si je n'y étais pas survenu avec leurs propres officiers, et si à mes exhortations je n'avais pas ajouté la terrible menace de ne leur donner rien, s'ils ne se tenaient en repos, je crois en vérité qu'ils auraient forcé la chambre du cuisinier, et qu'ils auraient arraché la viande du chaudron. On pouvait voir parfaitement bien dans ce cas que *ventre affamé n'a point d'oreilles*. Nous les apaisâmes pourtant ;

et commençant à les nourrir par degrés, nous leur permîmes à la fin de manger selon leur appétit, et tout alla mieux que je n'eusse pensé.

Pour la misère des passagers, elle était tout autrement terrible que celle de l'équipage. Comme les matelots avaient eu d'abord peu de chose pour eux-mêmes, ils leur avaient donné des portions extrêmement petites ; à la fin, ils les avaient extrêmement négligés : de manière que, depuis six ou sept jours, ils n'avaient eu rien du tout, et fort peu de chose les deux ou trois jours qui avaient précédé. La pauvre mère, à ce que l'équipage nous rapporta, était une femme de bon sens et très-bien élevée, qui ayant épargné pour son fils, avec une tendresse véritablement maternelle, tout ce qu'elle pouvait, avait enfin perdu toutes ses forces. Quand notre contre-maître entra dans sa chambre, il la vit assise à terre, appuyée contre un des côtés du vaisseau, entre deux chaises liées ensemble, la tête enfoncée entre ses épaules, et semblable à un cadavre, quoiqu'elle ne fût pas tout-à-fait morte. Il fit tout ce qu'il put pour la faire revenir à elle ; et pour lui fortifier le cœur, il lui mit un peu de bouillon dans la bouche avec une cuiller ; elle ouvrit les lèvres, et leva une de ses mains : elle s'efforça enfin de parler. Elle entendit ce qu'il lui disait ; mais en lui faisant signe que ce secours venait trop tard pour elle, elle lui montra du doigt son fils, comme si elle voulait le prier d'en avoir soin.

Touché pourtant d'une pitié extraordinaire pour cette tendre mère, il fit tous ses efforts pour lui faire avaler un peu de bouillon, et, à ce qu'il crut, il en fit descendre dans son estomac deux ou trois cuillerées ; je doute fort qu'il en fût bien sûr ; quoi qu'il en soit, il ne prit que des peines inutiles, puisque la nuit suivante elle mourut.

Le jeune homme auquel elle avait conservé la vie

aux dépens de la sienne n'était pas dans une extré-
trémité tout-à-fait aussi grande ; il était cependant
étendu roide dans un petit lit, et semblait à
moitié mort. Il avait dans sa bouche une pièce
d'un vieux gant, dont il avait mangé le reste.
Néanmoins étant jeune, et ayant plus de force que
sa mère, le contre-maître réussit à lui faire avaler
quelque chose, et il sembla se ranimer ; mais lorsque quelques momens après il lui en fit avaler
trois ou quatre cuillerées, le pauvre garçon en
eut mal au cœur, et les rendit immédiatement
après.

Pour la pauvre servante, elle était tout étendue
auprès de sa maîtresse, comme si elle était tombée
en apoplexie : elle luttait avec la mort. Tous ses
membres étaient tors ; d'une de ses mains elle avait
saisi le pied d'une chaise, et le tenait si ferme, qu'on
eut bien de la peine à lui faire lâcher prise ; son autre
bras était étendu au-dessus de sa tête, et ses deux
pieds étaient appuyés avec force contre une table.
En un mot, elle semblait être à l'agonie, mais elle
n'était pas morte.

Cette pauvre fille n'était pas seulement affai-
blie par la famine et effrayée par la pensée d'une
mort prochaine, mais, comme nous l'apprîmes
encore dans la suite par les gens du vaisseau,
elle était extrêmement inquiète pour sa maîtresse, qu'elle voyait mourante depuis quelques
jours, et pour qui elle avait tout l'attachement imaginable.

Nous ne savions comment faire avec cette malheureuse fille : car lorsque notre chirurgien, homme
savant et expérimenté, lui eut rendu, pour ainsi
dire, la vie, il eut une seconde cure à faire par rapport à son cerveau, qui paraissait pendant plusieurs
jours absolument renversé.

Quiconque lira ce tragique accident doit songer

qu'il n'est pas possible, quelque humanité que l'on ait, de faire sur mer ce que l'on aurait pu faire sur terre, où l'on reste quelquefois trois semaines. Il s'agissait ici de donner du secours à ce malheureux équipage, mais non pas de rester avec lui; et quoiqu'il désirât fort d'aller de conserve avec nous pendant quelques jours, cependant nous n'avions pas le loisir d'attendre un vaisseau qui avait perdu ses mâts. Néanmoins lorsque le capitaine nous conjura de l'aider à dresser un perroquet au grand mât, et un autre à son artimon, nous voulûmes bien mettre à la cape pendant trois ou quatre jours. Ensuite, après lui avoir donné cinq ou six tonneaux de bœuf, un de lard, une bonne provision de biscuit, de la farine et des pois, et avoir pris pour paiement trois caisses de sucre, une quantité assez grande de rum, et quelques pièces de huit, nous le quittâmes en prenant dans notre bord, à leur instante prière, un prêtre, avec le jeune homme, la servante, et tout ce qui leur appartenait.

Le jeune homme était un garçon de dix-sept ans, bien fait, modeste, et fort raisonnable. Il paraissait accablé de la mort de sa mère, ayant encore, depuis peu, perdu son père dans les Barbades.

Il s'était adressé au chirurgien pour me prier de le prendre dans mon vaisseau, et de le tirer d'avec ceux qu'il appelait les meurtriers de sa mère. Aussi peut-on dire qu'ils l'étaient en quelque sorte, car ils auraient pu épargner de leur portion quelque petite chose pour soutenir la vie de cette misérable veuve, quand ce n'aurait été que de quoi l'empêcher de mourir de faim; mais la faim ne connaît ni humanité, ni parenté, ni amitié, ni justice; elle est sans pitié, et incapable de remords.

Ce chirurgien avait beau lui mettre devant les

Tome III.   4

yeux la longueur du voyage qui devait le sépa‑
rer de tous ses amis, et qui pouvait le rejeter dans
un aussi mauvais état que celui dont il venait de
sortir; il dit qu'il lui était indifférent de quel côté
il allât, pourvu qu'il se séparât de ce cruel équi‑
page, et que le capitaine (c'est de moi qu'il enten‑
dait parler, ne connaissant pas encore mon neveu)
serait trop honnête homme pour lui donner le
moindre chagrin, après lui avoir sauvé la vie. Que
pour la servante, si elle revenait dans son bon sens,
elle nous suivrait partout, et qu'elle recevrait
comme un grand bienfait la permission d'entrer dans
notre navire.

Le chirurgien me fit cette proposition d'une ma‑
nière si pathétique, que je l'acceptai, et que je
les pris tous deux avec tout leur bien, excepté
onze caisses de sucre, où il était impossible d'at‑
teindre. Mais comme le jeune homme en avait
une reconnaissance, je fis signer un billet au com‑
mandant, par lequel il s'engageait d'aller, dès
qu'il serait arrivé à Bristol, chez un certain M. Ro‑
ger, parent du jeune homme et marchand de
cette ville, et de lui donner une lettre de ma
part, avec tout ce qui avait appartenu à la dé‑
funte veuve; mais il est apparent que toutes ces
précautions ont été inutiles, car je n'ai jamais
appris que ce vaisseau fût arrivé à Bristol. Il est
très-probable qu'étant si fort endommagé, et faisant
eau de tous côtés, il ait coulé à fond à la première
tempête.

Nous étions d'abord à la latitude de dix-neuf
degrés trente-deux minutes, et nous avions eu
jusqu'alors un voyage assez heureux par rapport
au temps, excepté qu'au commencement nous
avions eu des vents contraires. Mon dessein n'est
pas de fatiguer le public du récit de quelques
incidens peu considérables, comme changement

de vents, ouragans, beau temps et pluie, etc. Pour
m'accommoder à l'impatiente curiosité du lecteur,
je dirai que je découvris mon île le 10 avril 1695.
Ce ne fut pas sans de fort grandes difficultés que je
la trouvai. J'y étais entré autrefois, et j'en étais sorti
du côté du sud-est vers le Brésil ; mais faisant route
alors entre l'île et le continent, et n'ayant point de
carte de cette île, ni aucune marque particulière à
laquelle je pusse la reconnaître, je la vis sans savoir
que ce fût elle.

Nous croisâmes pendant long-temps de côté et
d'autre ; nous mîmes pied à terre dans plusieurs
îles situées à l'embouchure du fleuve *Orénoque*,
mais sans parvenir à notre but ; j'appris seulement, en suivant ces côtes, que j'avais été autrefois dans l'erreur, en croyant que la terre que
je découvrais était le continent. C'était une île
fort longue, ou plutôt une longue suite d'îles
situées vis-à-vis du grand espace qu'occupe l'embouchure de ce fleuve. Les sauvages qui abordaient de tems en tems à mon île, n'étaient pas
proprement des *caribes*, mais des insulaires et
autres barbares qui habitaient les lieux les plus
proches de moi. Je visitai en vain, comme j'ai
dit, plusieurs de ces îles ; j'en trouvai quelques-
unes habitées et d'autres désertes. Dans une,
entre autres, je vis quelques Espagnols, et je crus d'a-
bord que c'étaient ceux que j'avais fait venir dans mes
domaines ; mais en leur parlant je sus qu'ils avaient
près de là une petite chaloupe dans une petite baie,
et qu'ils étaient venus là pour aller chercher du sel et
quelques huîtres à perles ; en un mot, j'appris
qu'ils n'étaient point de mes sujets, et qu'ils
appartenaient à l'île de la *Trinité*, qui est plus
du côté du nord de dix ou onze degrés de latitude.

Enfin, allant d'une île à l'autre, tantôt avec

le vaisseau et tantôt avec la chaloupe du vaisseau français, qui était parfaitement bonne, et qu'on nous avait cédée avec plaisir, je vins au côté méridional de mon île, et d'abord j'en reconnus toute la figure. Je mis aussitôt mon vaisseau à l'ancre, dans une rade sûre, vis-à-vis de la petite baie, près de laquelle était mon ancienne habitation.

Dès que j'eus fait cette découverte, j'appelai *Vendredi*, et je lui demandai s'il savait où il était. Il se mit à regarder fixement pendant quelque tems, et puis frappant de joie ses mains l'une contre l'autre, il s'écria : « Oui, oui, oh! voilà! » oh! voilà! » Et montrant du doigt mon château, il commença à chanter et à faire des gambades comme un fou : j'avais même bien de la peine à l'empêcher de sauter dans la mer, et d'aller à terre à la nage.

« Eh bien! *Vendredi*. lui dis-je, qu'en dis-tu? » trouverons-nous quelqu'un ou non? ton père y » sera-t-il? » Au nom de son père, le pauvre garçon, dont le cœur était si sensible, parut tout troublé, et je vis les larmes couler de ses yeux en abondance. « Qu'y a-t-il donc, *Vendredi* ? lui dis-je; es-tu affligé parce qu'il y » a apparence que tu reverras ton père?—Non, » non, répondit-il en secouant la tête, moi ne » le voir plus, jamais le voir plus ! — Eh ! que » sais-tu, mon enfant ? lui dis-je.—Oh ! repartit-il, » lui mort long-tems, lui beaucoup vieux homme. » —La chose n'est pas encore sûre, lui dis-je ; » mais enfin crois-tu que nous trouverions quelque » autre de nos gens? » Il avait sans doute les yeux meilleurs que moi; car quoique nous fussions à une demi-lieue de terre, montrant du doigt la colline qui était au-dessus de mon château, il s'écria : « Moi voir, moi voir beaucoup d'hommes, là, là

» et là. » Je tournai les yeux vers cet endroit, mais
je ne vis rien, pas même avec ma lunette d'approche, ce qui venait probablement de ce que je ne
l'avais pas dirigée avec justesse. Il ne laissait pas
d'avoir raison, comme je le compris le lendemain en
examinant la chose ; ils avaient été cinq ou six en
cet endroit pour voir le vaisseau, ne sachant qu'en
penser.

Dès que *Vendredi* m'eut dit qu'il voyait des gens,
je fis mettre pavillon anglais et tirer deux coups de
canon, pour leur faire entendre que nous étions
amis, et un demi-quart-d'heure après, nous vîmes
une fumée s'élever du côté de la petite baie.
J'ordonnai en ce moment qu'on mît chaloupe en
mer, avec un drapeau blanc en signe de paix,
et prenant *Vendredi* avec moi et le jeune prêtre,
je me fis mettre à terre. C'était ce prêtre français dont j'ai déjà fait mention plusieurs fois. Je
lui avais fait un récit exact de la manière dont
j'avais vécu dans cette île, sans oublier aucune
particularité, tant par rapport à moi qu'à l'é-
gard de ceux que j'y avais laissés ; et cette histoire
lui avait donné une fort grande envie de m'accompagner. J'avais de plus seize hommes bien
armés dans ma chaloupe, de peur de rencontrer
quelques nouveaux hôtes qui ne fussent pas de mes
sujets; mais heureusement cette précaution se trouva
peu nécessaire.

Comme nous allions vers le rivage dans le tems que
la marée était presque haute, nous entrâmes tout
droit dans une petite baie, et le premier homme
sur lequel je fixai mes yeux fut l'Espagnol à qui
j'avais sauvé la vie : j'en reconnus parfaitement
bien les traits ; pour son habit, j'en ferai la description dans la suite. J'ordonnai d'abord que tout le
monde restât dans la chaloupe, et que personne
ne me suivît à terre; mais il n'y eut pas moyen

4.

de retenir *Vendredi*. Ce tendre fils avait découvert son père à une si grande distance des autres Espagnols, qu'il ne me fut pas possible de
le voir; et il est certain que, si on avait voulu
l'empêcher d'aller à terre, il se serait jeté dans
la mer pour y aller à la nage. A peine y avait-il
mis le pied, qu'il vola du côté du sauvage avec
la vitesse d'une flèche qu'un bras vigoureux fait
sortir d'un arc. L'homme le plus ferme n'aurait
pas pu s'empêcher de jeter quelques larmes en
voyant les transports de joie où ce pauvre garçon s'abandonna en joignant son père. Il l'embrassa, le baisa, le prit entre ses bras pour le
mettre à terre sur le tronc d'un arbre, le regarda
fixement pendant plus d'un quart d'heure, comme
un homme qui considère avec étonnement un
tableau extraordinaire: ensuite il se mit à terre
auprès de lui, le baisa de nouveau, se remit
sur ses pieds, et continua à le regarder avec attention, comme s'il était enchanté de le voir.

Le lendemain ses tendres extravagances prirent
un autre cours. Il se promena avec lui plusieurs
heures sur le rivage en le tenant par la main
comme une demoiselle, et de tems en tems il
lui allait chercher quelque chose dans la chaloupe; tantôt un morceau de sucre, tantôt un verre
de liqueur, et tantôt un biscuit; enfin tout ce qu'il
croyait capable de faire plaisir au bon vieillard.

L'après-dînée, il s'y prit encore d'une nouvelle
manière: il mit le bonhomme à terre, et commença
à danser autour de lui avec mille postures, les unes
plus burlesques que les autres, et en même tems il
lui parlait, et lui racontait, pour le divertir, quelques particularités de ses voyages. En un mot, si la
même tendresse filiale pouvait être trouvée parmi les
chrétiens, on pourrait dire, en quelque sorte, qu'il
n'y a rien de plus inutile que le quatrième commandement.

*Vendredi embrassa son père et
le regarda fixement....*

Mais laissant là, toute digression, j'en viens
à la manière dont je fus reçu par les habitans
de l'île. Je n'aurais jamais fait si je voulais raconter en détail toutes les civilités que me firent
les Espagnols. Le premier que je reconnaissais parfaitement bien, comme j'ai déjà dit, s'approcha
de la chaloupe portant un drapeau de paix, et
accompagné d'un de ses compatriotes. Non-seulement il ne me reconnut pas d'abord, mais il
n'avait pas seulement la pensée que ce pût être
moi, avant que je lui eusse parlé. « Comment,
signor, lui dis-je d'abord en portugais, vous ne
me reconnaissez pas? » Il ne me répondit pas
un mot; mais donnant son fusil à son compagnon, il ouvrit les bras, et vint m'embrasser
en disant plusieurs choses en espagnol, dont je
ne comprenais qu'une partie. Il me serra entre
ses bras et me demanda mille pardons de n'a-
voir pas reconnu ce visage qu'il avait considéré
autrefois comme celui d'un ange envoyé du ciel
pour lui sauver la vie. Il disait encore un grand
nombre d'autres belles choses, que la politesse
espagnole fournissait à son cœur véritablement
reconnaissant; et ensuite, se tournant vers son
compagnon, il lui ordonna de faire venir toute
la bande. Il me demanda si j'avais envie de me
promener vers mon château, afin qu'il eût le plaisir de m'en remettre en possession, sans avoir la
satisfaction pourtant de m'y montrer les augmen-
tations et les embellissemens où je devais naturellement m'attendre.

Je le voulus bien; mais il me fut aussi impossible de trouver ma demeure que si je n'y avais
jamais été. Ils avaient planté un si grand nombre
d'arbres, ils les avaient arrangés d'une manière si bizarre; et les avaient placés si près l'un de l'autre,
qu'étant extrêmement crûs pendant les dix années
de mon absence, ils rendaient mon château inac-

cessible. On n'en pouvait approcher que par des chemins si tortueux, que c'était un vrai labyrinthe pour tout autre que pour les habitans.

Quand je lui demandai quelle raison l'avait porté à faire tant de fortifications, il me dit que j'en verrais assez la nécessité quand il m'aurait donné un détail de tout ce qui s'était passé depuis l'arrivée des Espagnols dans mon île. « Quoiqu'alors, » poursuivit-il, je fusse dans une grande cons- » ternation de votre départ, je ne laissai pas » d'être charmé de votre bonheur, qui vous avait » procuré si à propos un bon navire pour vous » tirer de ce désert. J'ai eu fort souvent, con- » tinua-t-il, certains mouvemens dans l'esprit » qui me persuadaient que vous y reviendriez » un jour. Mais je dois avouer que rien ne m'est » jamais arrivé dans tout le cours de ma vie de » plus triste et de plus mortifiant que d'apprendre » votre départ, quand j'ai conduit ici mes com- » patriotes. »

Il me dit encore qu'il avait une longue histoire à nous raconter touchant les trois barbares que j'avais laissés dans l'île. Il entendait par-là les trois matelots séditieux, et il m'assura que les Espagnols s'étaient trouvés moins à leur aise avec eux qu'avec les sauvages avec lesquels ils avaient mené une si triste vie, excepté que les premiers étaient moins à craindre, à cause de leur petit nombre. « Mais, dit-il, » en faisant le signe de la croix, s'ils avaient été » plus nombreux, il y a du tems que nous serions » dans le purgatoire. J'espère, Monsieur, ajouta- » t-il, que vous apprendrez sans chagrin qu'une » nécessité absolue et le soin de notre propre » conservation, nous a forcés à les désarmer » et à nous les assujettir. Vous nous pardonne- » rez cette action assurément, quand vous saurez » que non-seulement ils ont voulu être nos maî- » tres, mais encore nos meurtriers. » Je lui ré-

pondis que j'avais déjà craint tout de la scélératesse de ces drôles en quittant l'île, et que
j'aurais fort souhaité de le voir auparavant de retour avec ses compagnons, et de les mettre en possession de l'île, en leur soumettant les Anglais,
comme ils ne l'avaient que trop mérité; que j'étais
ravi qu'il y eût songé pour moi, bien loin d'y trouver
à redire, et que je ne savais que trop que c'étaient des
coquins opiniâtres, incorrigibles, et capables de
toutes sortes de crimes.

Pendant ce discours, nous vîmes approcher
l'homme qu'il avait envoyé pour avertir ses compagnons de mon arrivée. Il était suivi de onze Espagnols, qu'à leur habillement il était impossible
de prendre pour tels. Il commença par nous faire
connaître les uns aux autres; il se tourna d'abord
de mon côté, en me disant : « Monsieur, voilà
» quelques-uns de ces gentilshommes qui vous sont
» redevables de la vie. » Et ensuite il leur dit qui
j'étais, et quelle obligation ils m'avaient. Là-dessus
ils s'approchèrent tous, l'un après l'autre, non
comme une troupe de simples matelots qui voudraient faire connaissance avec un homme de mer
comme eux, mais comme des ambassadeurs pour
haranguer un monarque ou un conquérant. Toutes
leurs manières étaient obligeantes et polies, avec
un noble mélange de gravité majestueuse, qui
donnait un air de bienséance et de grandeur à leur
soumission même. Je puis protester qu'ils savaient
beaucoup mieux leur monde que moi, et que j'étais
fort embarrassé sur la manière de recevoir leurs
complimens, bien loin de me sentir en état de leur
rendre la pareille.

L'histoire de leur arrivée et de leur conduite dans
l'île est tellement remarquable; il y a tant d'incidens qui ont de la liaison avec ce que j'ai rapporté
dans ma première partie, que je ne saurais m'empé-
cher de la donner ici toute entière avec toutes les

particularités qui me paraissent extraordinairement intéressantes.

Je m'en vais en lier tous les faits autant que ma mémoire me le permettra, d'une manière historique, sans troubler davantage la tête du lecteur d'un nombre infini de *dis-je*, *dit-il*, *repartisje*, *répondit-il*, qui ne font que languir la narration.

Pour le faire succinctement et clairement, il faut que je fasse quelques pas en arrière, et que je rappelle au souvenir du lecteur des circonstances dans lesquelles se trouvèrent ces gens à mon départ de l'île. On n'aura pas oublié peut-être que j'avais envoyé un Espagnol et le père de *Vendredi*, que j'avais sauvés tous deux des dents des *cannibales*, pour aller dans un grand canot chercher dans le continent les autres Espagnols, et pour les transporter dans l'île, afin de les tirer du triste état où ils étaient, et de trouver avec eux le moyen de revenir parmi les chrétiens.

Dans ce tems-là je n'avais pas plus de raisons pour m'attendre à ma délivrance, que je n'en avais vingt ans auparavant, de voir la moindre apparence de l'arrivée d'un vaisseau anglais, par le moyen duquel je pusse me tirer de ma triste situation. Par conséquent, lorsque mes gens revinrent, ils ne purent qu'être extraordinairement étonnés en voyant que je m'en étais allé, et que j'avais laissé dans l'île trois étrangers en possession de ce qui m'appartenait ; leur surprise fut d'autant plus grande, qu'ils s'attendaient à la partager avec moi.

Pour le voyage qu'avait fait mon Espagnol avec le père de *Vendredi*, il me dit qu'il n'avait rien de fort particulier, le tems s'étant trouvé fort doux et la mer calme. Ses compagnons, comme il est aisé de croire, furent charmés de le revoir ; aussi était-il le principal d'entre eux, et leur commandant, depuis que le capitaine du vaisseau dans lequel ils avaient fait naufrage était mort. Ils furent d'autant plus surpris de le voir, qu'ils savaient qu'il était tombé entre les mains des sauvages, et qu'ils supposaient qu'il en avait été dévoré, selon leur affreuse coutume.

L'histoire qu'il leur fit de sa délivrance, et de la manière dont je l'avais pourvu, pour le transporter commodément, leur parut un songe : leur étonnement était semblable, à ce qu'ils m'ont dit ensuite, à celui des fils de Jacob quand Joseph se fit connaître à eux, et leur racon a son élévation dans la cour du roi d'Egypte. Mais lorsqu'il leur montra les provisions qu'il leur apportait pour le voyage, les armes, la poudre et le plomb, ils furent tirés de leur surprise; ils se formèrent une idée juste de leur sort, et firent tous les préparatifs nécessaires pour passer dans mon île.

Leur premier soin fut d'avoir des canots, et étant obligés de passer les bornes de la probité, en trompant leurs amis les sauvages, ils leur empruntèrent deux grandes barques sous prétexte d'aller se divertir en mer ou d'aller à la pêche.

C'est dans ces canots qu'ils s'embarquèrent le lendemain. Il ne leur fallait pas beaucoup de tems pour emballer leurs richesses, n'ayant ni bagage, ni habits, ni vivres, ni rien, en un mot, que ce qu'ils avaient sur le corps, et quelques racines dont ils étaient accoutumés de se servir au lieu de pain.

Mes deux envoyés ne furent absens en tout que trois semaines, et dans cet intervalle, je trouvai l'occasion de me tirer de l'île, comme j'ai rapporté au long dans ma première partie, laissant mon domaine en proie à trois scélérats, les plus effrontés, les plus déterminés, et les plus difficiles à ménager qu'on aurait pu trouver dans tout le monde. Mes Espagnols ne s'en aperçurent que trop à leurs dépens.

La seule chose équitable que firent ces coquins, ce fut de donner d'abord ma lettre aux Espagnols, et de leur mettre mes provisions entre les mains,

comme je leur avais ordonné, Ils leur remirent encore un grand écrit très-circonstancié, contenant
mes instructions sur la manière dont j'avais songé
à ma subsistance et à mes commodités pendant
mon séjour dans l'île. Il contenait la manière dont
j'avais fait mon pain, élevé mes chèvres apprivoisées, semé mon blé, séché mes raisins, fait mes
pots ; en un mot, toute ma conduite dans cette déplorable situation.

Non-seulement ils livrèrent cet écrit aux Espagnols, dont deux savaient assez d'anglais pour en
profiter, mais ils leur donnèrent toutes sortes de
secours ; et dans le commencement il régna entre
mes deux peuples une assez grande union. Ils partagèrent d'abord avec eux mon château, et vivaient
en frères avec les Espagnols, dont le chef avait
déjà une idée de ma manière de vivre, ce qui les
rendait capables de ménager toutes les affaires de
la colonie avec le secours du père de *Vendredi*.

Pour les Anglais, ils étaient trop grands seigneurs pour se mêler d'une occupation si basse ;
ils ne songeaient qu'à parcourir l'île, à tuer des
perroquets, et à retourner des tortues (1) : et quand
le soir ils revenaient au logis, ils trouvaient le
souper tout prêt, grâces aux soins des Espagnols.

Ceux-ci s'en seraient fort consolés si les autres
avaient seulement voulu les laisser en repos ; mais
ils n'étaient pas gens à vivre long-tems en paix : ils
n'avaient pas la moindre envie de songer au bien
de cette petite république, et ils ne voulaient pas
souffrir que les autres les déchargeassent de ce
soin, semblables au chien du jardinier, qui ne
voulait pas manger lui-même, ni permettre que
les autres mangeassent.

_____

(1) *Dans cet état elles ne peuvent se relever,
et ainsi on les retrouve au besoin.*

Leurs différens, d'abord peu considérables, ne valent pas la peine d'être rapportés ; mais tout d'un coup la scélé atesse de mes coquins éclata le plus extraordinairem nt qu'il est possible d'imaginer. Ils se mirent à faire une guerre ouverte aux Espagnols avec toute l'insolence imaginable , d'une manière contraire à la rai on , à leurs intérêts, à la justice , et même au sens commun, n'ayant pas seulement le moindre prétexte pour pallier la brutalité de leur conduite. Il est vrai que je n'en ai su d'abord toutes les particularités que des Espagnols, qui étaient, pour ainsi dire, leurs accusateurs, et dont le témoignage pouvait être suspect ; cependant quand j'eus le loisir de les examiner sur tous les points de l'accusation, ils n'en osèrent nier un seul.

Mais avant que d'aller plus loin, il faut que je supplée ici à une négligence dont j'ai été coupable dans ma première partie, en oubliant d'instruire le lecteur d'une particularité qui a une grande liaison avec ce qui va suivre. Voici ce que c'est.

Dans le moment que nous allions lever l'ancre pour quitter mon île, il arriva une petite querelle dans le vaisseau anglais, et il était fort à craindre que l'équipage n'en vînt à une seconde sédition.

La chose en serait venue là peut-être, si le capitaine, s'animant de tout son courage, et assisté de moi et de ses autres amis, n'avait pris par force deux des plus opiniâtres , et s'il ne les avait fait mettre dans les fers en les menaçant comme des rebelles qui retombaient une seconde fois dans le même crime, et qui excitaient les autres par leurs discours séditieux, de les tenir en prison jusqu'à ce qu'il les fît pendre en Angleterre.

Quoique le capitaine n'eût pas cette intention, il effraya par-là plusieurs matelots coupables de la première mutinerie, et ils persuadèrent à tout le reste qu'on les amusait seulement par de bonnes paroles, mais qu'on les mettrait entre les mains de la justice dans le premier port de l'Angleterre où le vaisseau entrerait.

Le contre-maître en eut le vent et nous en avertit; sur quoi il fut résolu que moi, qui passais toujours pour un homme de conséquence, j'irais leur parler avec le contre-maître, et que je leur assurerais que, s'ils se comportaient bien pendant le reste du voyage, il ne serait jamais parlé du passé. Je m'acquittai de cette commission, et je leur donnai ma parole d'honneur qu'ils n'avaient rien à craindre du ressentiment du capitaine. Ce procédé les apaisa, surtout quand ils virent relâchés à mon intercession les deux mutins à qui on avait mis les fers aux pieds.

Cependant cette affaire nous empêcha de faire voile pendant cette nuit, et le vent s'étant abattu, nous sûmes le lendemain que les prisonniers qu'on avait relâchés avaient volé chacun un mousquet et quelques autres armes, comme aussi apparemment de quoi tirer; et que s'étant glissés dans la pinasse, ils s'étaient sauvés à terre pour se joindre aux autres mutins leurs dignes compagnons.

Dès que nous eûmes fait cette découverte, je fis mettre la chaloupe en mer, avec le contre-maître et douze hommes, pour chercher ces coquins; mais ils ne se trouvèrent pas, non plus que les trois autres; car ils avaient tous fui ensemble dans les bois dès qu'ils avaient vu approcher la chaloupe.

Le contre-maître était sur le point de les punir, une fois pour toutes, de leurs mauvaises actions, en détruisant la plantation, et en brûlant tout ce qui pouvait les faire subsister; mais n'osant pas le faire sans ordre, il laissa tout dans l'état où il l'avait trouvé, et se contenta de revenir au vaisseau en ramenant la pinasse.

Par cette nouvelle recrue le nombre des Anglais dans l'île montait jusqu'à cinq ; mais les
trois premiers étaient si supérieurs en méchanceté aux nouveau - venus, qu'après avoir vécu
deux jours avec eux, ils les chassèrent de la
maison pour aller pourvoir à leur propre subsistance, et pendant quelque tems , ils poussèrent la dureté jusqu'à leur refuser la moindre
nourriture. Tout cela se passa avant l'arrivée des
Espagnols.

Quand ceux-ci furent venus dans l'île, ils
firent tous leurs efforts pour porter ces trois
bêtes féroces à se réconcilier avec leurs compatriotes, et à les reprendre dans leur demeure pour
faire une seule famille ensemble ; mais ces scélérats
ne voulurent pas seulement en entendre parler.

Ainsi les deux malheureux furent forcés de faire
bande à part : et voyant qu'il n'y avait que l'industrie et l'application capables de les faire subsister à
leur aise, ils établirent leur demeure dans la partie
septentrionale de l'île, mais un peu du côté de l'ouest,
de peur des sauvages, qui d'ordinaire débarquaient
dans l'île du côté de l'est.

C'est là qu'ils construisirent deux cabanes, l'une
pour eux et l'autre pour leur magasin ; et les Espagnols
leur ayant donné du blé pour semer, et une partie des
pots que je leur avais laissés, ils se mirent à creuser,
à planter, et à faire des enclos d'après le modèle que
je leur en avais prescrit, et dans peu de tems ils se
trouvèrent dans une condition assez supportable.
Quoiqu'ils n'eussent d'abord ensemencé qu'une très-
petite terre, ils eurent assez de blé pour avoir du
pain ; et comme un des deux avait été second cuisinier dans le vaisseau, ils étaient fort habiles à faire
des soupes, des *puddings*, et d'autres mets. autant que
leur riz, leur lait et leur viande pouvaient y fournir.

Ils étaient dans cette situation quand les trois

coquins dont j'ai parlé, les vinrent insulter uniquement pour se divertir. Ils leur dirent que c'é-
tait à eux que l'île appartenait, et que le gouverneur leur en avait donné la possession ; que personne n'y avait le moindre droit qu'eux, et qu'ils ne
bâtiraient point de maison sur leur terrain, à moins
que de leur en payer les rentes, ou que le diable y
aurait part.

Les pauvres gens s'imaginèrent d'abord qu'ils voulaient railler ; ils leur demandèrent s'ils voulaient
entrer pour voir à leur aise les beaux palais qu'ils
avaient bâtis, et pour s'expliquer sur les rentes
qu'ils demandaient. L'un, voulant badiner à son
tour, leur dit que, s'ils étaient les maîtres du
terrain, il espérait que s'ils faisaient valoir leurs
terres comme il faut, ils voudraient bien leur accorder quelques années de franchise, à l'exemple des
autres seigneurs, et il les pria de faire venir un
notaire pour dresser un contrat. Un de mes trois
marauds, en jurant et en blasphémant, répondit
qu'ils allaient voir si tout ceci n'était qu'une rail-
lerie, et s'approchant d'un feu que ces bonnes gens
avaient fait pour apprêter leur dîner, il prend un
tison, le jette dans une des cabanes, et y met le feu.
Elle aurait été consumée si un des propriétaires n'a-
vait couru à ce coquin, ne l'avait éloigné par force
de sa pauvre hutte, et n'avait éteint le feu en mar-
chant dessus : encore eut-il bien de la peine à y
réussir.

Ce scélérat était dans une telle rage en voyant le
mauvais succès de sa barbarie, qu'il s'avança sur celui qui en était la cause avec une perche qu'il tenait dans la main, dont il l'aurait assommé si
celui-ci n'avait évité le coup adroitement. Son
compagnon voyant le danger où il était, vint d'a-
bord à son secours. Ils saisirent chacun un fusil, et
celui qui avait été attaqué le premier jeta son en-

nemi à terre d'un coup de crosse, avant que les deux
autres scélérats fussent à.portée, et voyant les deux
autres se préparer à les insulter, ils se joignirent, et
leur présentant les bouts de leurs fusils, ils les me-
nacèrent de leur mettre la bourre dans le ventre s'ils
ne se retiraient.

Les autres avaient des armes à feu ; mais un des
honnêtes gens, plus hardi que son camarade, et désespéré par le danger où il se trouvait. leur dit
que, s'ils faisaient la moindre mine de les coucher
en joue, ils étaient morts, et leur commanda avec
fermeté de mettre bas les armes. Ils n'en firent rien;
mais voyant les autres si déterminés, ils en vinrent à une capitulation, et consentirent à s'en
aller, pourvu qu'on leur laissât emporter leur compagnon blessé. Il l'était effectivement et dangereusement même ; mais c'était sa propre faute. On peut
dire que les deux attaqués, voyant leur avantage,
avaient eu tort de ne les pas désarmer réellement,
comme ils étaient les maîtres de le faire, et de ne pas
aller ensuite raconter toute leur aventure aux Espagnols ; car dans la suite les trois malheureux ne songèrent qu'à avoir leur revanche, et ils le dissimulè-
rent si peu, qu'ils ne voyaient jamais les autres sans
les en menacer.

Ils les persécutèrent nuit et jour, et à différentes reprises ils foulèrent aux pieds leur blé,
tuèrent à coups de fusil trois boucs et une chèvre
que ces pauvres gens élevaient pour leur subsistance ; en un mot, ils les traitèrent avec tant de
cruauté et de barbarie, que ceux-ci, poussés à
bout, prirent la résolution désespérée de les combattre à la première occasion. Dans ce dessein,
ils prirent le parti d'aller au château où les trois
coquins demeuraient avec les Espagnols, et de leur
livrer le combat en honnêtes gens, en présence
des étrangers.

Pour exécuter cette entreprise, ils se levèrent
le matin avant le jour, et s'étant approchés du
château, ils se mirent à appeler les trois scélérats par leurs noms, et dirent à un Espagnol,
qui leur répondit, qu'ils avaient à leur parler en
particulier.

Il était arrivé justement le jour précédent que deux
Espagnols avaient rencontré dans le bois un de ces
Anglais honnêtes gens, et qu'ils avaient entendu de
terribles plaintes sur les affronts et les dommages
qu'ils avaient reçus de leurs barbares compatriotes,
qui avaient ruiné leur plantation, détruit leur moisson, et tué leur bétail, ce qui était capable de les
faire mourir de faim, si les Espagnols ne les secou-
raient.

Ces derniers étant de retour au logis, et se
trouvant à table avec les scélérats, prirent la
liberté de les censurer, quoique d'une manière
douce et honnête. L'un d'eux leur demanda comment ils pouvaient être si cruels et si inhumains
à l'égard de leurs pauvres compatriotes, qui ne
les avaient jamais offensés, et qui ne songeaient
qu'à trouver, par leur industrie, de quoi subsister; quelle raison ils pouvaient avoir pour leur en
ôter les moyens qui leur avaient coûté des travaux
si fatigans?

Un des Anglais répliqua brusquement que ces
gens n'avaient rien à faire dans l'île, qu'ils y étaient
venus sans permission, que la terre ne leur appartenait pas, et qu'il ne souffrirait absolument pas qu'ils
y bâtissent ou qu'ils y fissent des plantations.
« Mais, seigneur Anglais, dit l'Espagnol d'un ton
» fort modéré, ils ne doivent pas mourir de faim.
» — Qu'ils meurent de faim et qu'ils aillent à
» tous les diables, répondit l'Anglais, comme un
» vrai barbare; ils ne bâtiront ni ne planteront
» point ici. — Que voulez-vous donc qu'ils fassent,

» seigneur Anglais? répliqua cet honnête homme.
» — Ce que je veux qu'ils fassent? dit l'autre animal
» féroce ; qu'ils soient nos esclaves, et qu'ils tra-
» vaillent pour nous. — Mais quelle raison avez-
» vous pour attendre cette soumission? Vous ne
» les avez pas achetés de votre argent, et vous
» n'avez pas le moindre droit de les réduire à l'es-
» clavage. » Le même coquin lui répondit que l'île
leur appartenait à eux trois; que le gouverneur la
leur avait laissée, et que personne n'y avait la
moindre chose à dire qu'eux; que, pour le faire
voir, ils allaient brûler les huttes de leurs ennemis,
et que, quelque chose qu'il pût arriver, ils n'y
souffriraient ni leurs cabanes ni leurs plantations.

« S'il est ainsi, seigneur, dit l'Espagnol, nous de-
» vrions être vos esclaves aussi. — Vous avez
» raison, répliqua l'impudent coquin, nous comp-
» tons bien là-dessus, et vous vous en apper-
» cevrez bientôt. » Cet insolent discours était re-
levé par une centaine d'imprécations placées élo-
quemment dans les endroits les plus convenables.
L'Espagnol se contenta d'y répondre par un souris
moqueur, et ne daigna pas seulement lui dire le
moindre mot.

Cette conversation cependant avait échauffé la
bile à ces coquins, et se levant avec fureur,
l'un d'entre eux (nommé Guillaume Atkins) dit
aux autres : « Allons, morbleu, finissons avec ces
» chiens-là ; démolissons leur château, et ne souf-
» frons pas qu'ils tranchent du maître dans nos do-
» maines ! »

Là-dessus ils s'en allèrent tous trois, chacun
armé d'un fusil, d'un pistolet et d'un sabre, en
disant à demi-bas mille choses insolentes sur la
manière dont ils espéraient de traiter les Espagnols à leur tour, dès qu'ils en trouveraient l'oc-

casion. Mais ceux-ci ne les entendirent qu'imparfaitement : ils parurent juger seulement qu'ils les menaçaient pour avoir pris le parti des Anglais honnêtes gens,

On ne sait pas trop bien ce qu'ils firent pendant toute cette nuit ; mais il est apparent qu'ils parcoururent tout le pays pendant quelques heures, et qu'enfin fatigués, ils s'étaient mis à dormir dans l'endroit que j'appelais autrefois ma maison de campagne, sans s'éveiller d'assez bon matin pour exécuter leurs projets abominables.

On sut après que leur but avait été de surprendre les deux Anglais dans le sommeil, de mettre le feu à leur cabane pendant qu'ils y seraient couchés, et de les y brûler, ou de les tuer lorsqu'ils voudraient en sortir pour éviter le feu. La malignité dort rarement d'un profond sommeil, et je m'étonne qu'ils n'eurent pas la force de se tenir éveillés pour exécuter leur barbare dessein.

Cependant les autres ayant en même tems résolu une entreprise contre eux, mais plus digne de braves gens, que l'incendie et le meurtre, il arriva fort heureusement pour les uns et pour les autres, que ceux de la cabane étaient déjà en chemin avant que ces coquins sanguinaires vinssent à leur demeure.

Quand ils arrivèrent, ils trouvèrent la hutte vide. Atkins, qui était le plus déterminé, cria à ses camarades : « Voici le nid, mais les oiseaux s'en sont envolés ; que le diable les emporte ! » Là-dessus ils s'arrêtèrent pendant quelques instans pour deviner la raison qui pouvait avoir obligé leurs ennemis de sortir de si bonne heure, et ils convinrent tous que les Espagnols devaient leur avoir donné connaissance du danger où ils allaient être exposés. Après cette conjecture ils se donnèrent la main tous trois, et s'engagèrent par des sermens horribles, à se venger

de ceux qui les avaient trahis. Immédiatement
après, ils se mirent à travailler sur les huttes
des pauvres Anglais ; ils les abattirent toutes deux,
et n'en laissèrent pas une pièce entière : de manière qu'à peine pouvait-on connaître la place où
elles avaient été ; ils en réduisirent, pour ainsi dire,
en poussière tous les meubles , et en répandirent tellement les débris au long et au large ,
qu'ensuite ces bonnes gens trouvèrent plusieurs
de leurs ustensiles à une demi-lieue de leur habitation.

Après cette expédition , ils arrachèrent tous les
arbres que leurs ennemis avaient plantés, brisè-
rent l'enclos dans lequel ils tenaient leur bétail
et leur blé ; en un mot, ils saccagèrent tout, aussi
parfaitement qu'aurait pu faire une horde de Tar-
tares.

Pendant ce bel exploit, les deux Anglais étaient allés pour les chercher , et pour les combattre partout
où ils les trouveraient ; et quoiqu'ils ne fussent que
deux contre trois, il est certain qu'il y aurait eu du
sang répandu , car ils étaient tous également déterminés, et incapables de s'épargner en aucune manière.

Mais la Providence fut plus soigneuse de les
séparer , qu'ils n'étaient ardens à se joindre ; car
comme ils avaient voulu se croiser à dessin
lorsque les trois étaient allés du côté des huttes
les deux marchaient du côté du château ; et lorsque ces derniers se furent mis en chemin pour les
chercher, les trois étaient revenus du côté de ma
vieille demeure. Nous allons voir dans le momen
la différence qu'il y eut dans le procédé des uns et
des autres.

Les trois revinrent vers les Espagnols, la fureur
peinte sur le visage, et échauffés de l'expédition qu'ils
avaient faite avec tant d'animosité ; ils se vantèrent

haut ment de leur action, comme si elle avait été la
plus héroïque du monde; et l'un d'entre eux avançant
sur un des Espagnols, d'un air arrogant, il lui saisit
le chapeau, et le lui faisant pirouetter sur la tête, il
lui dit insolemment en lui riant au nez : « Et vous,
» seigneur, nous vous donnerons la même sauce,
» si vous n'avez pas soin d'avoir du respect pour
» nous. »

L'Espagnol, quoique doux et fort honnête, était
un homme aussi courageux qu'on puisse l'être ; d'ailleurs il était adroit et robuste au suprême degré.
Après avoir regardé fixement celui qui venait de l'insulter avec si peu de raison, il alla vers lui d'un pas
fort grave, et d'un premier coup de poing il le jeta à
terre comme un bœuf qu'on assomme ; sur quoi un
autre anglais, aussi insolent que le premier, lui tira
un coup de pistolet. Il ne le tua pourtant pas, les
balles passèrent au travers de ses cheveux; mais l'une
lui toucha le bout de l'oreille, et le fit saigner beaucoup.

L'Espagnol voyant couler son sang abondamment,
crut être blessé plus dangereusement qu'il n'était ;
et quoique jusque-là il eût agi avec toute la modération possible, il commença à s'échauffer, et crut qu'il
était tems de montrer à ces scélérats qu'ils avaient
tort de se jouer à d'aussi braves gens qu'eux ; il ar-
racha le fusil à celui qu'il avait jeté à terre, et il allait
faire sauter la cervelle au coquin qui l'avait voulu
tuer, quand les autres Espagnols se montrant, le
prièrent de ne le point tuer, et se jetant sur mes
drôles, les désarmèrent et les mirent hors d'état de
leur nuire.

Quand ces marauds se virent sans armes, et les
Espagnols autant animés contre eux que les Anglais,
ils commencèrent à mettre de l'eau dans leur vin,
et à les prier avec assez de douceur de leur rendre
leurs armes. Mais considérant l'inimitié qu'il y

avait entre eux et les deux habitans des huttes, et persuadés que le meilleur moyen d'empêcher qu'ils n'en vinssent aux mains ensemble, était de laisser ceux-ci désarmés, ils leur dirent qu'ils n'avaient point intention de leur faire le moindre mal, et qu'ils continueraient à leur donner toute sorte d'assistance, s'ils voulaient vivre paisiblement; mais qu'ils ne trouvaient pas à propos de leur rendre leurs armes pendant qu'ils étaient animés contre leurs propres compatriotes, et qu'ils avaient même déclaré ouvertement leur dessein de faire tous les Espagnols esclaves.

Ces gens abominables, hors d'état d'entendre raison et d'agir raisonnablement, voyant qu'on leur refusait leurs armes, sortirent de cet endroit la rage dans le cœur, et menaçant qu'ils sauraient bien se venger des Espagnols, quoiqu'on leur eût ôté leurs armes à feu. Mais ceux-ci méprisant leurs bravades, leur dirent de prendre garde de ne rien entreprendre contre leurs plantations et contre leur bétail; que s'ils étaient assez hardis pour le faire, ils les tueraient comme des bêtes féroces, partout où ils les trouveraient; et que si, après une telle hostilité, ils tombaient vifs entre leurs mains, ils les pendraient sans quartier.

Ces menaces ne leur firent rien rabattre de leur fureur; et ils s'en allèrent jetant feu et flamme, et jurant de la manière du monde la plus terrible.

A peine les avait-on perdus de vue, que voilà nos deux autres, tout aussi enragés qu'eux, mais à bien plus juste titre; car ayant été à leur plantation, et la voyant détruite de fond en comble, ils avaient de justes raisons pour s'emporter contre leurs barbares ennemis. Ils ne trouvèrent que difficilement le tems de raconter leur malheur aux Espagnols, tant ceux-ci s'empressaient de les informer de leur propre aventure. Il faut avouer que c'était

une chose très-extraordinaire de voir ainsi trois insolens insulter dix-neuf braves gens sans recevoir la
moindre punition.

Il est vrai que les Espagnols les méprisaient, surtout après les avoir désarmés, et rendu par-là leurs
menaces vaines. Mais les Anglais étaient plus animés,
et résolurent d'en tirer vengeance, quoi qu'il en pût
arriver.

Cependant les Espagnols les apaisèrent, en
leur disant que, puisqu'ils leur avaient ôté leurs
armes, ils ne pouvaient pas permettre qu'on les
attaquât, et qu'on les tuât à coups de fusil. De
plus l'Espagnol qui était alors comme gouverneur
de l'île, les assura qu'il leur procurerait une satisfaction entière; car, dit-il, il ne faut pas douter
qu'ils ne reviennent à nous, quand leur fureur aura
eu le tems de se ralentir, puisqu'ils ne sauraient
subsister sans notre secours; et nous vous pro-
mettons, en ce cas, qu'ils vous satisferont, à condition que, de votre côté, vous vous engagiez à
n'exercer aucune violence contre eux que pour votre
propre défense.

Les deux Anglais s'y accordèrent, mais avec beaucoup de peine; les Espagnols leur protestèrent qu'ils
n'avaient point d'autre but que d'empêcher l'effusion
du sang parmi eux, et de les rendre tous plus heureux « Car, dirent-ils, nous ne sommes pas si
» nombreux, qu'il n'y ait de la place ici pour nous
» tous, et c'est une grande pitié que nous ne puis-
» sions être tous amis. » Ces paroles les adoucirent
à la fin entièrement: ils s'engagèrent à tout ce que
les Espagnols voulurent, et restèrent quelques jours
avec eux, à cause que leur propre habitation avait
été détruite.

Environ cinq jours après, les trois vagabonds,
las de se promener, et à moitié morts de faim, ne
s'étant soutenus que par quelques œufs de tourterel-

les, revinrent vers le château, et voyant le commandant espagnol, avec deux autres, se prome-
nant sur le bord de la petite baie, ils s'en approchèrent d'une manière assez soumise, et lui
demandèrent en grâce, et avec humilité, d'être reçus
de nouveau dans la famille. Mon honnête homme
d'Espagnol les reçut gracieusement : mais il leur
dit qu'ils avaient agi avec leurs propres compatriotes d'une manière si grossière, et avec ses
gens à lui, d'une manière si brutale, qu'il lui
était impossible d'accorder leur demande, sans
délibérer là-dessus auparavant avec les Anglais
et avec les autres Espagnols : qu'il allait, dans le
moment, leur en faire la proposition, et qu'il leur
en donnerait réponse dans une demi-heure. La faim
leur fit paraître la condition d'attendre une demi-
heure hors du château extrêmement dure ; et n'en
pouvant plus, ils supplièrent le gouverneur de leur
faire apporter un peu de pain, ce qu'il fit : il leur
envoya en même tems une grosse pièce de chevreau
et un perroquet rôtis ; et ils mangèrent tout avec un
très-grand appétit.

Après avoir attendu le résultat de la délibération.
pendant la demi-heure stipulée, on les fit entrer,
et il y eut une grande dispute entre eux et leurs
compatriotes, qui les accusaient de la ruine to-
tale de leur plantation, et du dessein de les assassiner. Comme ils s'en étaient vantés auparavant, ils ne purent pas le nier alors. Le chef des
Espagnols fit le médiateur, et comme il avait
porté les deux Anglais à ne point attaquer les trois
autres, pendant qu'ils seraient désarmés et hors d'é-
tat de leur nuire, aussi il obligea les trois scélérats d'aller rebâtir les cabanes ruinées ; l'une précisément comme elle avait été, et l'autre plus spa-
cieuse ; à faire de nouveaux enclos, à planter de nouveaux arbres, à semer du blé pour remplacer celui

qu'ils avaient ruiné : en un mot, à remettre tout dans l'état où ils l'avaient trouvé, autant qu'il leur était possible ; car il n'était pas faisable de suppléer exactement au blé qui était déjà fort avancé, et aux arbres qui avaient déjà commencé à croître considérablement.

Ils se soumirent à toutes ces conditions ; et comme on leur donnait des vivres en abondance, ils commencèrent à vivre paisiblement, et toute la colonie était fort unie. Il n'y manquait rien, sinon qu'il était impossible de porter les trois vagabonds à travailler pour eux-mêmes.

Néanmoins les Espagnols furent assez obligeans pour leur déclarer que, pourvu qu'ils ne troublassent plus le repos de la société, et qu'ils voulussent prendre à cœur le bien général de la plantation, ils travailleraient pour eux avec plaisir, et qu'ils leur permettraient de se promener à leur fantaisie, et d'être aussi fainéans qu'ils le trouveraient à propos. Tout alla parfaitement bien pendant un mois ou deux ; sur quoi les Espagnols furent assez bons de leur rendre leurs armes, de leur donner la même liberté dont ils avaient joui auparavant.

Huit jours après cet acte de générosité de la part des Espagnols, ces scélérats, incapables de la moindre reconnaissance, recommencèrent leurs insolences, et se mirent dans la tête le dessein du monde le plus affreux. Ils ne l'exécutèrent pourtant pas alors, à cause d'un accident qui mit toute ma colonie également en danger, et força les uns et les autres à renoncer à tout ressentiment particulier, pour songer à leur propre conservation.

Il arriva pendant une nuit, que le gouverneur ou le chef des Espagnols ne put fermer les yeux, de quelque côté qu'il se tournât. Il se portait très-

bien par rapport au corps, comme il m'a dit;
mais il se sentait agité par des pensées tumultueuses,
quoique parfaitement éveillé; son cerveau était plein
d'images de gens qui se battaient et qui se tuaient
les uns les autres. En un mot, étant resté quelque
tems au lit dans cette inquiétude, et sentant son agi-
tation redoubler de plus en plus, il se leva. Comme
ils étaient tous couchés sur des tas de peaux de chèvres, placés dans de petites couches qu'ils avaient
dressées pour eux-mêmes, et non pas des branles
comme moi, ils avaient peu de chose à faire pour
se lever. Il ne leur fallait que se dresser sur leurs
pieds, et mettre un justaucorps et leurs escarpins ,
et ils étaient en état de sortir et de vaquer à leurs
affaires.

S'étant donc ainsi levé, l'Espagnol sortit; mais
l'obscurité l'empêchait de rien voir d'une manière
distincte : d'ailleurs il était empêché par les arbres
que j'avais plantés, et qui, étant parvenus à une
grande hauteur, lui barraient la vue ; de sorte
qu'il ne pouvait que regarder en haut, et remarquer que le ciel était serein et parsemé d'étoiles. Il
n'entendait pas le moindre bruit, et là-dessus il
prit le parti de se recoucher. Mais c'était encore
la même chose; il ne pouvait ni dormir, ni même
se tranquilliser l'esprit; il sentait toujours son âme
également troublée sans en apercevoir la moindre
raison.

Ayant fait quelque bruit en se levant et en se
couchant, en sortant et en rentrant, un de ses
gens s'éveilla, et demanda qui était celui qui faisait du bruit : sur quoi le gouverneur lui dépeignit
la situation où il se trouvait. Ecoutez-donc, lui
dit l'Espagnol, de tels mouvemens ne sont pas à négliger , je vous assure; il y a certainement quelque
malheur qui nous menace. Où sont les Anglais? poursuivit-il. Il n'y a rien à craindre de ce côté-là, répondit

le gouverneur; ils sont dans leurs huttes. Il est apparent que depuis leur dernière mutinerie, les Espagnols s'étaient réservé mon château, et qu'ils avaient logé les Anglais dans un quartier à part, d'où ils ne pouvaient pas venir à eux sans qu'ils y consentissent.

N'importe, répondit l'Espagnol; il y a ici quelque chose qui ne va pas bien; j'en suis sûr par ma propre expérience. Je suis très-convaincu, ajouta-t-il, que nos esprits ont de la communication avec les esprits dégagés de la matière qui habitent le monde invisible, et qu'ils en reçoivent des avertissemens avantageux, pourvu qu'ils s'en veuillent servir. Allons, dit-il, sortons d'ici, examinons tout, et si nous n'y trouvons rien qui puisse justifier vos appréhensions, je vous conterai une histoire fort convenable au sujet, et qui vous convaincra de la vérité de mon opinion.

En un mot, ils allèrent ensemble sur la colline, d'où j'avais autrefois reconnu le pays en y montant par le moyen d'une échelle que je tirais après moi, afin de parvenir jusqu'au second étage. Comme ils étaient alors en grand nombre dans l'île, ils ne s'avisèrent pas de toutes ces précautions; ils s'y en furent tout droit par le bois; mais ils furent bien surpris en remarquant de cette hauteur une lumière venant de quelque feu, et en entendant la voix de plusieurs hommes.

Dans toutes les occasions où j'avais vu les sauvages débarquer dans mon île, j'avais pris tout le soin imaginable pour leur cacher que l'île était habitée, et quand ils venaient à le découvrir, je le leur faisais sentir d'une manière si rude, que ceux qui s'en échappaient n'en pouvaient pas donner un récit fort exact, et les seuls qui m'avaient vu, et qui s'en étaient allés, en état de le raconter, étaient les trois sauvages qui, dans notre dernière rencontre, s'étaient auvés dans un des trois canots, et dont la fuite m'a-vait alarmé.

Il n'était pas possible à ma colonie de savoir si les sauvages étaient abordés à l'île dans un si grand nombre, portés à quelque dessein contre elle par le rapport de ces trois, ou si c'était par la raison ordinaire qui les avait fait venir autrefois. Mais, quoi qu'il en soit, il n'y avait pour elle que deux partis à prendre, ou de se cacher soigneusement et de prendre toutes les mesures possibles pour laisser ignorer à ces cannibales que l'île était habitée, ou tomber sur eux avec tant de vigueur qu'il n'en échappât pas un seul : ce qui ne se pouvait faire qu'en leur coupant le chemin de leurs barques. Malheureusement mes gens n'eurent pas cette présence d'esprit; ce qui troubla leur tranquillité pendant un tems considérable.

On croira facilement que le gouverneur et les deux hommes, surpris de ce qu'ils voyaient, s'en retournèrent dans le moment pour éveiller leurs camarades, et pour les instruire du danger qui les menaçait. Ils prirent d'abord l'alarme ; mais il fut impossible de leur persuader de se tenir clos et couverts. Ils sortirent d'abord pour voir de leurs propres yeux ce dont il s'agissait.

Le mal n'était pas grand tant qu'il faisait obscur, et ils eurent tout le loisir pendant quelques heures de considérer les sauvages, par le moyen de la lumière répandue de trois feux qu'ils avaient faits sur le rivage à quelque distance l'un de l'autre. Ils ne pouvaient pas comprendre quel était le dessein de ces gens, et ils ne savaient à quoi se résoudre eux-mêmes. Les ennemis étaient en grand nombre ; et ce qu'il y avait de plus chagrinant, c'est que, bien loin d'être tous ensemble, ils étaient séparés en plusieurs bandes assez éloignées l'une de l'autre.

6.

Ce spectacle jeta les Espagnols dans une terrible consternation ; ils les voyaient rôder partout, et appréhendaient fort que par quelque accident ils ne vinssent à découvrir leur habitation, ou qu'ils ne fussent assurés par quelque marque que le lieu était peuplé. Ils craignaient surtout pour leur troupeau, qui ne pouvait pas être détruit sans les mettre en danger de mourir de faim.

Pour prévenir ce désastre, ils détachèrent d'abord deux Espagnols et trois Anglais, avec ordre de chasser tout le troupeau dans la grande vallée où était ma grotte, et de le faire entrer dans la grotte même s'il était nécessaire.

Ils résolurent en même tems, s'il arrivait que les sauvages s'assemblassent tous en une seule troupe, et s'éloignassent de leurs canots, de tomber sur eux quand ils seraient une centaine. Mais c'est à quoi il ne fallait pas s'attendre ; il y avait entre leurs petites bandes la distance d'une grande demi-lieue ; et comme il parut ensuite, elles étaient de deux nations différentes.

Après s'être arrêtés quelque tems pour délibérer sur le parti qu'il y avait à prendre dans cette conjoncture, ils résolurent d'envoyer le vieux sauvage, père de *Vendredi*, pour aller les reconnaître pendant qu'il faisait encore obscur, et pour se mêler avec eux, afin de savoir leur dessein. Le bon vieillard l'entreprit volontiers ; et s'étant mis nu comme la main, il partit dans le moment. Après deux heures d'absence, il vint rapporter qu'il avait trouvé que c'étaient deux partis différens de deux nations qui étaient en guerre l'une contre l'autre ; qu'ils avaient donné une grande bataille dans leur pays, et qu'ayant fait quelques prisonniers de côté et d'autre, ils étaient venus par pur hasard dans la même île pour faire leur festin, et

pour se divertir ; que, dès qu'ils s'étaient découverts
mutuellement, leur joie avait été extrêmement troublée, et qu'ils paraissaient dans une si grande rage,
qu'il ne fallait pas douter qu'ils ne se battissent de
nouveau à l'approche du jour. Il n'avait pas vu
d'ailleurs la moindre apparence, qu'ils soupçonnas-
sent l'île d'être habitée, et qu'ils s'attendissent à y
trouver d'autres gens que leurs ennemis. A peine ce
bon homme eut-il fini son rapport, qu'un terrible
bruit fit comprendre à nos gens que les deux armées
en étaient aux mains, et que le combat devait être
furieux.

Le père de *Vendredi* employa toute son éloquence
à persuader à nos gens de se tenir en repos, et de ne
se pas montrer. Il leur dit que c'était en cela seul que
consistait leur sûreté ; que les sauvages ne manque-
raient pas de se tuer les uns les autres, et que ceux
qui échapperaient du combat, s'embarqueraient tout
aussitôt. Cette prédiction fut accomplie dans toutes
ses circonstances.

Mes gens cependant ne voulurent point entendre
raison, particulièrement les Anglais, qui, sacrifiant
leur prudence à leur curiosité, sortirent tous pour
aller voir le combat. Ils ne laissèrent pas néanmoins
de se servir de quelque précaution ; et au lieu d'avancer à découvert par-devant leur habitation, ils prirent
un détour par le bois et se placèrent avantageusement
dans un endroit où ils pouvaient voir tout ce qui se
passait sans être aperçus, à ce qu'ils pensaient. Mais
la suite fit croire qu'ils avaient été découverts par les
sauvages.

La bataille cependant était aussi terrible qu'opi-
niâtre, et si je puis ajouter foi aux Anglais, il paraissait dans un des partis une bravoure extraordinaire,
une fermeté invincible, et beaucoup d'adresse à ménager le combat. Il dura deux heures avant qu'on pût
voir de quel côté se déclarait la victoire. Alors la

troupe la plus proche des Anglais commença à s'af-
faiblir, à se mettre en désordre et à s'enfuir peu de
tems après.

Nos gens craignaient fort que quelques-uns des
fuyards ne se jetassent, pour se dérober à la fureur de
leurs ennemis, dans la caverne qui était devant leur
habitation, et qu'ainsi ils ne découvrissent involon-
tairement que le lieu était habité. Ils craignaient bien
plus encore que les victorieux ne les y suivissent, et
là-dessus, ils résolurent de se tenir avec leurs armes
au-dedans du retranchement, et de faire une sortie
sur tous ceux qui voudraient entrer dans la caverne,
dans l'intention de les tuer tous, et de les empêcher
de donner des nouvelles de leur découverte. Leur
dessein était de ne se servir pour cet effet que de leurs
sabres, ou des crosses de leurs fusils, de peur de faire
du bruit et de s'en attirer par-là un plus grand
nombre.

La chose arriva précisément comme ils s'y étaient
attendus ; trois d'entre les vaincus, s'enfuyant de
toutes leurs forces, et traversant la baie, vinrent
directement vers cet endroit, ne songeant à autre
chose qu'à chercher un asile dans ce qui leur paraissait un bois épais. La sentinelle de mes gens vint
aussitôt les avertir, en ajoutant, à leur grande satisfaction, que les vainqueurs ne les poursuivaient pas, et semblaient ignorer de quel côté
ils s'étaient sauvés : sur quoi le gouverneur espagnol, trop humain pour souffrir qu'on massacrât
ces pauvres fugitifs, ordonna à trois de nos gens de
passer par-dessus la colline, de se glisser derrière
eux, de les surprendre, et de les faire prisonniers : ce
qui fut fait.

Le reste du peuple s'enfuit du côté de leurs
canots, et mit en mer. Pour les victorieux, ils
ne les poursuivirent pas avec beaucoup d'ardeur,
et s'étant tous mis ensemble, ils jetèrent deux

..... de se glisser derrière eux, et
de les faire prisonniers.

grands cris pour célébrer leur triomphe, selon toutes les apparences. Le même jour, à peu près à trois heures de l'après-dînée, ils rentrèrent dans leurs barques, et de cette manière ma colonie s'en vit délivrée, sans revoir ces hôtes incommodes de plusieurs années.

Après qu'ils se furent tous retirés, les Espagnols sortirent de leur embuscade pour aller examiner le champ de bataille. Ils y trouvèrent à peu près une trentaine de morts, dont quelques-uns avaient été tués par de grandes flèches qu'on leur voyait encore dans le corps; mais la plupart avaient perdu la vie par des coups terribles de certains sabres de bois, dont mes gens trouvèrent seize ou dix-sept sur la place, avec autant d'arcs et de javelots. Ces sabres étaient d'une grossièreté et d'une pesanteur terrible, et il fallait avoir une force extraordinaire pour les manier comme il faut. La plupart de ceux qui avaient été tués par ces instrumens avaient la tête entièrement brisée; d'autres avaient les jambes et les bras cassés : ce qui marque clairement qu'ils se battent avec la dernière animosité. Nous n'en trouvâmes pas un qui ne fût roide mort ; car la coutume est parmi eux de faire tête à l'ennemi, quoique blessé, jusqu'à la dernière goutte de leur sang, et les victorieux ne manquent jamais d'emporter leurs propres blessés, et ceux d'entre leurs ennemis que leurs blessures empêchent de se sauver par la fuite.

Cet accident apprivoisa mes Anglais pendant quelque tems : ce spectacle leur avait donné de l'horreur, et ils tremblaient à la seule idée de ces cannibales, entre les mains desquels ils ne pouvaient tomber sans être tués comme ennemis, et sans leur servir de nourriture comme un troupeau de bétail. Ils m'avouèrent ensuite que la pensée d'être mangés en guise de bœuf ou de mouton, quoique ce malheur ne pût leur arriver qu'après la mort, avait alors quelque chose pour eux de si effroyable, qu'ils en avaient horreur, et que pendant plusieurs semaines, les images affreuses qui leur roulaient dans l'esprit, les avaient presque rendus malades.

Ils furent quelque tems de suite fort traitables, et vaquèrent aux affaires communes de la colonie. Ils plantaient, semaient, faisaient la moisson, comme s'ils avaient vécu dès leur enfance dans ce lieu ; mais cette bonne conduite n'eut point de durée, et ils prirent bientôt de nouvelles mesures pour se venger de leurs compatriotes, et se précipitèrent eux-mêmes dans de grands malheurs.

Ils avaient fait trois prisonniers, comme j'ai dit : c'étaient des jeunes gens alertes et robustes, qui les servirent en qualité d'esclaves, et qui leur furent d'une grande utilité. Mais ils ne s'y prirent pas, pour gagner leur cœur, de la même manière dont j'avais usé avec *Vendredi*. Ils négligèrent de les rendre sensibles à l'humanité avec laquelle ils leur avaient sauvé la vie. Bien loin de leur donner quelques principes de religion, ils ne songèrent pas seulement à les civiliser, et à leur inspirer une conduite raisonnable par des instructions sages et accompagnées de douceur. Ils les nourrissaient, mais en récompense ils les employaient au travail le plus rude, et ils ne s'en faisaient servir que par force. De cette manière, ils ne pouvaient pas compter sur eux quand il s'agirait de hasarder leur vie pour leurs maîtres ; au lieu que *Vendredi* était homme à se précipiter dans une mort certaine, pour me tirer du danger.

Quoi qu'il en soit, toute la colonie paraissait liée alors par une sincère amitié, le péril commun en ayant banni pour un tems toute animosité particulière. Dans cette situation, ils se mirent unanimement à délibérer sur leurs intérêts ; et la première chose qui leur parut digne d'attention , c'était d'examiner si , instruits par l'expérience que le côté de l'île qu'ils occupaient était le plus fréquenté par les sauvages , ils ne feraient pas bien de se retirer dans un endroit plus éloigné , tout aussi propre à leur fournir abondamment de quoi vivre , et infiniment plus capable de mettre en sûreté leur blé et leur bétail.

Après beaucoup de raisonnemens pour et contre ce projet , on résolut de ne point changer de demeure , parce qu'il pourrait arriver un jour que le vieux gouverneur leur envoyât quelqu'un de sa part, qui ne pourrait que les chercher en vain, s'ils s'éloignaient de son ancienne demeure , et qui les croirait tous péris , s'il voyait son château détruit ; ce qui les priverait à jamais de tout le secours que j'aurais la bonté de leur donner. Mais pour leur blé et leur bétail, ils tombèrent d'accord de les reculer dans la vallée où était ma grotte , et où il y avait une grande étendue de fort bonne terre. Cependant, après y avoir pensé plus mûrement, ils changèrent de dessein, et prirent la résolution de n'envoyer dans cette vallée qu'une partie de leur bétail , et de n'y semer que la moitié de leur blé, afin que , si par quelque désastre une partie en était détruite, le reste pût être hors d'insulte , et leur fournir le moyen de réparer leur perte.

D'ailleurs ils prirent un parti fort prudent à mon avis, par rapport à leurs prisonniers. C'était de leur cacher soigneusement le bétail qu'ils avaient dans cette vallée , et la plantation qu'ils avaient trouvé à propos d'y faire. Surtout ils ne les laissèrent jamais approcher de la grotte, qu'ils considéraient comme un asile sûr, en cas d'extrême nécessité , et où ils avaient caché les deux barils de poudre que je leur avais laissés en partant.

Comme j'avais mis mon château à couvert par un retranchement et par un bois assez épais, ils virent aussi bien que moi que toute la sûreté consistait à n'être pas découverts; et conséquemment, ils résolurent de rendre leur habitation invisible de plus en plus. Pour cet effet, voyant que j'avais planté des arbres à une assez grande distance de l'entrée de ma demeure, ils suivirent le même plan, et en couvrirent toute l'étendue qu'il y avait entre mon bocage et le côté de la baie où autrefois j'étais abordé avec mes radeaux. Ils poussèrent leur plantation jusqu'à l'endroit marécageux que la marée inondait, sans laisser le moindre lieu commode pour y débarquer, ni la moindre trace qui pût le faire entreprendre.

J'ai déjà dit que les arbres de cette espèce croissent en fort peu de tems, et comme ils les plantaient beaucoup plus grands et plus avancés que je n'avais fait, n'ayant que le dessein de mettre des palissades devant ma fortification, à peine avaient-ils été en terre pendant trois ou quatre ans, qu'étant fort près l'un de l'autre, ils firent une haie impénétrable à la vue même. A l'égard de ceux que j'avais plantés, et dont le tronc était de la grosseur d'une cuisse d'homme, ils en mirent un si grand nombre de jeunes, et les placèrent si serrés, que pour pénétrer par force dans le château, il aurait fallu une armée entière pour s'y faire un passage à coups de hache, car à peine un petit chien aurait-il pu passer au travers.

Ils firent la même chose des deux côtés de mon habitation et par derrière, et couvrirent d'arbres toute la colline, ne se laissant pas à eux-mêmes la moindre sortie, sinon par le moyen de mon échelle qu'ils tiraient après eux pour monter sur le second étage de cette hauteur, précisément comme je m'y étais pris autrefois moi-même. Ainsi, quand l'é-

chelle n'y était pas, il fallait des ailes ou du sorti-
lége pour rendre quelqu'un capable de venir à eux.

Il n'y avait rien là qui ne fût parfaitement bien
imaginé ; et ils virent ensuite que toutes ces précautions n'avaient pas été inutiles. Je fus convaincu
par-là que, comme la prudence humaine est auto-
risée par la Providence divine, ainsi c'est la direc-
tion de le Providence qui la met à travailler ; et si
nous voulions bien en écouter la voix, je suis sûr
que ce serait le moyen d'éviter un grand nombre de
désastres, auxquels notre négligence est accoutu-
mée d'assujettir notre vie.

Ils vécurent de cette manière deux années de suite
dans une parfaite tranquillité , sans recevoir la
moindre visite de leurs incommodes voisins. Il est
vrai qu'un matin ils eurent une alarme bien chaude.
Elle leur fut donnée par quelques Espagnols , qui
ayant été de fort bonne heure du côté occidentale de
l'île, où je n'avais jamais mis le pied de peur d'être
découvert, avaient été surpris par la vue d'une vingtaine de canots qui paraissaient sur le point d'a-
border le rivage : ils étaient revenus au logis à
toutes jambes, dans une grande consternation, et
ils avaient averti leurs camarades du danger qui
paraissait les menacer.

Là-dessus ils se tinrent clos et couverts pendant
tout ce jour et le jour suivant, ne sortant que la
nuit pour aller à la découverte; mais, heureusement
pour eux, l'alarme était fausse, les sauvages n'é-
taient pas débarqués ; ils avaient apparemment
poussé plus loin pour exécuter quelque autre entreprise.

Peu de tems après, ces Espagnols eurent avec les
trois Anglais une nouvelle querelle, dont voici la
cause. Un d'entre eux, le plus violent de tous les
hommes, enragé contre un esclave, de ce qu'il
n'avait pas bien fait quelque ouvrage qu'il lui avait

donné, et de ce qu'il avait marqué quelque dépit, lorsqu'il avait voulu le redresser, saisit une hache, non pas pour le punir, mais pour le tuer.

Il avait envie de lui fendre la tête; mais sa rage ne lui permettant pas de bien diriger son coup, il tomba sur l'épaule du pauvre homme : sur quoi un des Espagnols, croyant qu'il lui avait coupé un bras, accourut pour le prier de ne pas massacrer ce malheureux, et pour l'en empêcher par force, s'il était nécessaire. Ce furieux, là-dessus, se jeta sur l'Espagnol lui même, en jurant qu'il le tuerait en la place du sauvage; mais l'autre évita le coup, et avec une pelle qu'il avait à la main (car ils étaient tous occupés au labourage), il le terrassa. Un autre Anglais, voyant son compagnon à terre, se jeta sur l'Espagnol, et le terrassa à son tour. Deux autres Espagnols vinrent au secours de celui-ci, et le troisième Anglais se rangea du côté des deux autres. Ils n'avaient point d'armes à feu ni les uns ni les autres, mais assez de haches et d'autres outils propres à s'assommer. Il est vrai qu'un des Anglais avait un sabre caché sous ses habits, avec lequel il blessa les deux Espagnols qui étaient venus pour seconder leurs compagnons. Là-dessus, toute la colonie fut en confusion, et les Anglais furent faits prisonniers tous trois. On délibéra d'abord sur ce qu'on en ferait. Ils avaient déjà excité tant de troubles; ils étaient si furieux, et de plus de si grands fainéans, qu'ils étaient pernicieux à cette petite société, sans lui être en aucune manière utiles; d'ailleurs, c'étaient des traîtres et des perfides à qui le crime ne coûtait rien.

Le gouverneur leur déclara ouvertement que s'ils étaient dans son pays, il les ferait tous pendre sans quartier, puisque les lois de tous les gouvernemens tendent à la conservation de la société, et qu'il est juste d'en ôter tous ceux qui tâchent de la détruire;

mais qu'étant Anglais, il voulait les traiter avec la plus grande douceur, en considération d'un homme de leur nation à qui ils devaient tous la vie, et qu'il les abandonnerait au jugement de leurs deux compatriotes.

Là-dessus un de ces derniers se leva, et pria qu'on le dispensât de cette commission, puisqu'il serait obligé en conscience à les condamner à être pendus. Ensuite il conta comment Guillaume Atkins leur avait fait la proposition de se joindre tous cinq pour assassiner les Espagnols pendant leur sommeil.

Le gouverneur, entendant une entreprise si horrible, se tourna vers le scélérat qu'on venait d'accuser : « Comment donc! seigneur Atkins, lui dit-il, » vous nous avez voulu assassiner tous tant que nous » sommes? Qu'avez-vous à répondre à cela ? » Ce malheureux était si éloigné de le nier, qu'il en convint effrontément, en jurant qu'il était encore dans le même dessein.

« Mais, seigneur Atkins, reprit l'Espagnol, » qu'est-ce que nous vous avons fait pour mé- » riter un pareil traitement, et que gagneriez- » vous en nous massacrant? Que faut-il que nous » fassions pour vous en empêcher? Pourquoi faut- » il que vous nous mettiez dans la nécessité, ou de » vous tuer ou d'être tués par vous? Vous avez » grand tort de nous mettre dans cette cruelle si- » tuation. »

La manière calme et douce dont l'Espagnol prononça ces paroles, fit croire à Atkins qu'il se moquait de lui : sur quoi il se mit dans une telle fureur, que, s'il avait eu des armes, et s'il n'a-vait pas été retenu par trois hommes, il est à croire qu'il aurait tué le gouverneur au milieu de toute la compagnie.

Cette rage inconcevable les obligea à considérer sérieusement quel parti ils prendraient à l'é-
gard de ces furieux. Les deux Anglais et l'Espagnol qui avait empêché la mort de l'esclave,
opinèrent qu'il en fallait pendre un pour servir
d'exemple aux autres, et que ce devait être celui
qui, dans le moment, avait voulu faire deux meurtres
avec sa hache. Il est effectivement apparent qu'il
avait eu ce dessein-là ; car il avait si cruellement
blessé le pauvre sauvage, qu'on croyait impossible
qu'il en réchappât.

Le gouverneur néanmoins ne fut pas de cet avis-
là ; il répéta encore que c'était un Anglais à qui
ils étaient tous redevables de la vie, et qu'il ne
consentirait pas à la mort d'un seul, quand ils auraient massacré la moitié de ses gens. Il ajouta
que, s'il était assassiné lui-même par un Anglais, il
emploierait ses dernières paroles à les prier de lui
faire grâce.

Il insista là-dessus avec tant de force, qu'il fut
inutile de l'en dissuader ; et comme d'ordinaire
l'opinion qui tend le plus vers la clémence pré-
vaut dans un conseil, quand elle est soutenue avec
vigueur, ils entrèrent tous dans le sentiment de cet
honnête homme. Il fallait pourtant songer aux
moyens d'empêcher l'exécution de la barbare entreprise des criminels, et de délivrer, une fois pour
toutes, cette petite société de ses appréhensions si
bien fondées. On délibéra là-dessus avec beaucoup
d'attention, et l'on convint à la fin unanimement des
articles suivans :

« Qu'ils seraient désarmés, et qu'on ne leur
» permettrait pas d'avoir ni fusil, ni poudre, ni
» plomb, ni sabre, ni aucune chose capable de
» nuire ;

» Qu'il serait défendu, tant aux Espagnols qu'aux

» Anglais, de leur parler, ou d'avoir le moindre com-
» merce avec eux ;

» Qu'ils seraient chassés pour toujours de la société;
» permis à eux de vivre où, et de quelle manière ils le
» trouveraient à propos ;

» Qu'ils se tiendraient toujours à une certaine
» distance du château, et que, s'ils commettaient le
» moindre désordre dans la plantation, le blé ou le
» bétail appartenant à la société, il serait permis de
» les tuer comme des chiens partout où on les trou-
» verait. »

Le gouverneur, dont l'humanité était au-dessus
de tout éloge, ayant réfléchi sur le contenu de
cette sentence, se tourna du côté des deux Anglais, et les pria de considérer que ces malheureux ne pouvaient pas avoir d'abord du grain et
du bétail ; que par conséquent il fallait leur
donner quelques provisions pour ne les pas réduire à mourir de faim. On en convint, et on
résolut de leur donner suffisamment du blé pour
subsister pendant huit mois, et pour avoir de quoi
semer, afin qu'ils en eussent après ce tems-là de leur
propre crû. On y ajouta six chèvres qui donnaient
du lait, quatre boucs, et six chevreaux destinés
en partie à leur nourriture, et en partie à servir de
commencement à un troupeau. On y ajouta encore
tous les outils nécessaires : six haches, un maillet et
une scie ; mais à condition qu'ils s'engageraient par
un serment solennel à ne les employer jamais contre
leurs compatriotes ou contre les Espagnols, et qu'ils
ne songeraient de leur vie à leur causer le moindre
dommage.

C'est ainsi qu'ils furent chassés de la société pour
aller s'établir à part. Ils s'en allèrent d'un air très-
mécontent, sans vouloir prêter le serment qu'on
exigeait d'eux avec tant de justice. Ils dirent
qu'ils allaient chercher un endroit pour s'établir

7.

et pour y faire une plantation ; et on leur donna
quelque peu de vivres, mais point d'armes ni
d'outils.

Quatre ou cinq jours après ils revinrent de
nouveau pour chercher des provisions, et ils in-
diquèrent au gouverneur l'endroit qu'ils avaient
marqué pour y demeurer et pour y planter. C'é-
tait un lieu fort convenable, dans l'endroit le
plus éloigné de l'île, du côté du nord-est, peu éloigné de la côte où j'étais abordé dans mon premier
voyage, après avoir été emporté par les courans en
pleine mer.

C'est là qu'ils se bâtirent deux jolies cabanes sur
le modèle de mon château, au pied d'une colline
déjà environnée de quelques arbres de plusieurs côtés, de manière qu'en y en plantant un petit nombre
d'autres, ils se mettaient entièrement à couvert,
à moins qu'on ne les cherchât avec beaucoup de
soin. Ils demandèrent quelques peaux de chèvres
pour leur servir de lits et de couvertures, et elles
leur furent données. Etant alors d'une humeur plus
pacifique, ils s'engagèrent solennellement à ne rien
entreprendre contre la colonie ; et à cette condition,
on leur donna tous les outils dont on pouvait se
passer. On y ajouta des pois, du millet et du
riz pour semer ; en un mot, tout ce dont ils pouvaient avoir besoin, excepté seulement des armes et
des munitions.

Ils vécurent dans cet état environ six mois,
et ils firent leur moisson, qui était peu considérable, parce qu'ayant tant d'autres choses à faire,
ils n'avaient eu le loisir que de défricher un fort petit
terrain.

Quand ils se mirent à faire des planches et des
pots, ils furent terriblement embarrassés, et ils
ne firent rien qui vaille. Ce fut une nouvelle peine
pour eux, quand la saison pluvieuse vint, n'ayant

point de cave pour mettre leur grain à couvert et
pour le tenir sec : ce qui faillit à le gâter absolument.
Cet inconvénient les humilia assez pour leur faire
demander le secours des Espagnols, qui le leur
accordèrent très-volontiers. Dans l'espace de quatre
jours, ils en creusèrent une dans un des côtés de la
colline, suffisamment grande pour mettre leur grain
et leurs autres provisions à l'abri ; mais c'était peu
de chose comparée à la mienne, surtout dans l'état
où elle fut lorsque les Espagnols l'eurent élargie
considérablement, et qu'ils y eurent ajouté plusieurs
appartemens.

Environ neuf mois après cette séparation, il prit
un nouvel accès de folie à ces coquins, dont les
suites, jointes à celles de leurs crimes passés,
les mirent dans un grand danger, aussi bien que
toute la colonie. Fatigués de leur vie laborieuse, sans
voir le moindre jour d'une plus heureuse situation pour l'avenir, ils se mirent en tête de faire un
voyage dans le continent, d'où les sauvages étaient
venus, et cela, pour essayer de faire quelques
prisonniers, propres à la décharge du travail le plus
rude.

Ce projet n'était pas si mauvais, s'ils s'y étaient
pris avec modération ; mais ces malheureux ne
faisaient rien sans qu'il y eût quelque crime, ou
dans le projet ou dans l'exécution. A mon avis,
ils étaient sous une espèce de malédiction du
ciel, qui, pour les punir de leurs crimes, leur
en laissait faire de nouveaux, dont il les châ-
tiait par de nouvelles catastrophes. Du moins,
mon sentiment est que, si l'on ne veut pas admettre
que des crimes visibles s'attirent dans le monde des
châtimens visibles, il est difficile d'accorder ce qui
arrive dans le monde avec la justice divine. Dans
l'occasion dont il s'agit ici, la chose parut évidem-
ment ; leur criminelle mutinerie les engagea dans

leurs autres forfaits, et les réduisit dans le triste
ét t où ils se trouvèrent dans la suite. Au lieu d'a-
voir quelques remords du premier crime, ils y en
ajoutèrent d'autres, comme, par exemple, la mons-
trueuse cruauté de blesser un pauvre esclave, qui
peut-être n'avait pas fait ce qu'on lui avait ordonné,
parce que la chose lui était impossible, et de le
blesser d'une manière à l'estropier pour toute sa vie.
Je laisse là l'intention de le tuer, dont il est difficile
de douter, quand on considère leur affreux projet de
tuer de sang-froid tous les Espagnols pendant qu'ils
seraient endormis.

Pour reprendre le fil de mon histoire, ces trois
compagnons en scélératesse vinrent un matin à
mon château, en demandant, avec beaucoup d'humilité, qu'il leur fût permis de parler aux Espagnols.
Ceux-ci le voulant bien, les trois Anglais leur dirent
qu'ils étaient fatigués de leur manière de vivre,
qu'ils n'étaient pas assez adroits pour faire les
choses qui leur étaient nécessaires, et que n'ayant
aucun secours pour en venir à bout, ils mourraient
de faim indubitablement; que si les Espagnols leur
voulaient permettre de prendre un des canots qui
avaient servi à les transporter, et leur donner des
armes et des munitions pour pouvoir se défendre, ils
iraient chercher fortune dans le continent, et qu'ainsi
ils les délivreraient de l'embarras de leur fournir des
provisions.

Les Espagnols n'auraient pas été fâchés d'en être
défaits; mais ils ne laissèrent pas de leur représenter
charitablement qu'ils allaient se perdre de propos délibéré, et qu'ils savaient par leur propre expérience,
sans avoir besoin d'un esprit de prophétie, qu'ils devaient s'attendre à mourir de pure misère dans le
continent.

Ils répondirent, d'une manière déterminée,
qu'ils périraient tous dans l'île, car ils ne pouvaient

ni ne voulaient travailler ; et que s'ils avaient le malheur d'être massacrés , ils mettraient par - là fin à toutes leurs misères ; que , dans le fond , ils n'avaient ni femmes, ni enfans qui perdissent quelque chose par leur mort ; en un mot, qu'ils étaient résolus de partir, quand on leur refuserait des armes.

Les Espagnols leur répliquèrent, avec beaucoup d'honnêteté , que s'ils voulaient absolument suivre ce dessein , ils ne permettraient pas qu'ils le fissent sans avoir de quoi se défendre , et que , ma'gré la disette d'armes à feu où ils étaient eux-mêmes, ils leur donneraient deux mousquets , un pistolet, un sabre et trois haches , ce qui était tout ce qu'il leur fallait.

Les trois aventuriers acceptèrent l'offre. On leur donna du pain pour plus d'un mois; autant de chevreau frais qu'ils en pouvaient manger pendant qu'il serait bon ; un grand panier rempli de raisins secs ; un pot rempli d'eau fraîche et un jeune chevreau en vie. Avec ces provisions, ils se mirent hardiment dans un canot, quoique le passage fût pour le moins large de quarante milles d'Angleterre.

Il est vrai que la barque était assez grande pour porter une vingtaine d'hommes; et par conséquent, elle était plutôt embarrassante dans cette occasion, que trop petite ; mais comme ils avaient un vent frais et la marée favorable, ils la manièrent assez bien. Ils avaient mis, en guise de mât, une grande perche avec une voile de quatre peaux de chèvres séchées et cousues ensemble. De cette sorte, ils quittèrent le rivage de fort bonne grâce, et les Espagnols leur souhaitèrent un bon voyage, sans s'attendre à les revoir jamais.

Ceux qui étaient restés dans l'île, Anglais et Espagnols, ne pouvaient s'empêcher de se féliciter de tems

en tems de la manière paisible dont ils vivaient ensemble depuis que ces gens intraitables s'en étaient
allés; et leur retour était la chose du monde à laquelle ils s'attendaient le moins, quand, après une
absence de vingt-deux jours, un des Anglais, s'occu-
pant dans sa plantation, aperçut tout d'un coup trois
étrangers, avançant de leur côté avec des armes
à feu.

D'abord l'Anglais se mit à fuir comme le vent,
et, tout effrayé, il fut dire au gouverneur espagnol que c'en était fait d'eux, et qu'il y avait
des étrangers qui étaient débarqués dans l'île,
sans qu'il pût dire quelles gens c'était. L'Espagnol, après avoir réfléchi pendant quelques momens, lui demanda ce qu'il voulait dire par-là,
qu'il ne savait pas quelles gens c'était, et que ce
devaient être assurément des sauvages. « Non, non,
» répondit l'Anglais, ce sont des gens habillés, avec
» des armes à feu. — Eh bien ! dit l'Espagnol, de
» quoi vous troublez-vous donc, si ce ne sont
» pas des sauvages ? ils sont donc nos amis; car il
» n'y a point de nation chrétienne au monde qui
» ne soit plutôt portée à nous faire du bien que
» du mal. »

Pendant qu'ils étaient dans cette conversation,
voilà les Anglais qui, se tenant derrière les arbres nouvellement plantés, se mettent à crier de
toutes leurs forces. On reconnut d'abord leur
voix, et la première surprise fit aussitôt place à une
autre.

On commença à s'étonner d'un si prompt
retour, dont il était impossible de deviner la
cause.

Avant de les faire entrer, on trouva bon de les
questionner sur l'endroit où ils avaient été et ce
qu'ils y avaient fait. Ils répondirent en peu
de mots qu'ils avaient fait le passage en deux

jours de tems; qu'ils avaient vu sur le rivage où ils
avaient dessein d'aborder, une prodigieuse quantité
d'hommes qui paraissaient alarmés de les voir, et
qui se préparaient à les recevoir à coups de flèches
et de javelots s'ils avaient osé mettre le pied à terre;
qu'ils avaient rasé les côtes du côté du nord l'espace
de six ou sept lieues, et qu'ils s'étaient aperçus
que ce que nous prenions pour le continent était
une île; que bientôt après ils avaient découvert une
autre île à main droite, du côté du nord, et beaucoup d'autres du côté de l'ouest; et qu'étant résolus
d'aller à terre, à quelque prix que ce fût, ils étaient
passés du côté d'une de ces îles occidentales, et y
avaient débarqué hardiment; qu'ils avaient trouvé
le peuple fort honnête et fort sociable, et qu'ils en
avaient reçu plusieurs racines et quelques poissons
secs; les femmes paraissant disputer aux hommes
le plaisir de leur fournir des vivres, qu'elles étaient
obligées de porter sur leur tête pendant un assez long
chemin.

Ils restèrent là quatre jours, et demandèrent par
signes, du mieux qu'ils purent, quelles nations il y
avait là aux environs. On leur fit entendre que
c'étaient des peuples cruels, habitués à manger les
hommes; mais que pour eux ils ne mangeaient ni
hommes ni femmes, excepté les prisonniers de
guerre, dont la chair leur fournissait un festin de
triomphe.

Les Anglais leur demandèrent de la même manière quand ils avaient eu un pareil festin. Ils firent
comprendre qu'il y avait deux mois, en étendant
la main du côté de la lune et montrant deux
de leurs doigts. Ils y ajoutèrent que leur grand roi
avait deux cents prisonniers qu'il avait faits dans
une bataille, et qu'on les engraissait pour le festin prochain. Les Anglais parurent là-dessus fort
curieux de voir ces prisonniers; mais les sauvages

les entendant mal, s'imaginèrent qu'ils souhaitaient d'en avoir quelques-uns pour les manger ; et montrant du doigt le couchant et ensuite l'orient, ils leur firent entendre qu'ils leur en apporteraient le lendemain.

Ils tinrent leur parole, et leur amenèrent cinq femmes et onze hommes, dont ils leur firent présent, de la même manière que nous amenons vers quelque port de mer des bœufs et des vaches pour avitailler un vaisseau.

Quoique mes scélérats eussent donné dans notre île les plus grandes marques de barbarie, l'idée seule de manger ces prisonniers leur fit horreur. Le grand nombre de ces pauvres gens était embarrassant ; cependant ils n'osèrent refuser un présent de cette valeur ; ç'aurait été faire un cruel affront à cette nation sauvage. Ils se déterminèrent enfin à l'accepter, et donnèrent en récompense à ceux qui les en avaient gracieusés, une de leurs haches, une vieille clef, un couteau et cinq ou six balles de fusil, qui leur plaisaient fort, quoiqu'ils en ignorassent l'usage. Ensuite les sauvages, liant les pauvres captifs les mains au dos, les portèrent eux-mêmes dans le canot.

Les Anglais furent obligés de quitter le rivage dans le moment, de peur que, s'ils étaient restés à terre, la bienséance ne les eût forcés à tuer quelques-uns de ces pauvres gens, à les mettre à la broche, et à prier à dîner ceux qui avaient eu la générosité de les pourvoir de cette belle provision.

Ayant donc pris congé des gens de l'île, avec toutes les marques de reconnaissance qu'il est possible de faire par signes, ils remirent en mer, et s'en retournèrent vers la première île, où ils donnèrent la liberté à huit de leurs prisonniers, trouvant le nombre qu'ils en avaient trop grand pour ne leur être pas à charge.

Pendant le voyage, ils firent de leur mieux pour
lier quelque commerce avec leurs sauvages ; mais
il fut impossible de leur faire comprendre quelque
chose. Ces gens s'étaient si fortement mis dans l'esprit qu'ils allaient bientôt servir de pâture à leurs
possesseurs, qu'ils croyaient que tout ce qu'on leur
donnait, tendait uniquement à ce triste but.

On commença d'abord par les délier ; ce qui leur
fit pousser des cris terribles, surtout aux femmes,
comme si elles avaient déjà le couteau sous la
gorge. Car, à s'en rapporter aux coutumes de leur
pays, ils ne pouvaient qu'en conclure qu'on les
allait égorger dans le moment.

Leurs appréhensions n'étaient guère moindres
quand on leur donnait à manger. Ils s'imaginaient
que c'était dans le dessein de conserver leur em-
bonpoint pour les manger avec plus de volupté. Si
les Anglais fixaient les yeux particulièrement sur
quelqu'une de ces misérables créatures, celui sur
qui ces regards tombaient s'imaginait tout aussitôt
qu'on le trouvait le plus gras et le plus propre à
être mis en pièces le premier. Lors même qu'ils furent arrivés à notre île, et qu'on les traitait avec
beaucoup de douceur, ils s'attendaient tous les
jours, pendant quelque tems, à servir de dîner ou
de souper à leurs maîtres.

Lorsque les trois aventuriers eurent fini le merveilleux journal de leur voyage, le gouverneur leur
demanda où étaient leurs nouveaux domestiques.
Et ayant appris qu'ils les avaient amenés dans une
de leurs cabanes, et qu'ils venaient exprès pour demander des vivres pour eux, il résolut de s'y transporter avec tous les Espagnols, et les deux Anglais
honnêtes, en un mot avec toute la colonie, sans oublier le père de *Vendredi.*

Ils les trouvèrent dans la hutte, tous liés; car
leurs maîtres avaient jugé nécessaire de se servir de

cette précaution, de peur que, pendant leur absence, ils ne prissent le parti de se sauver avec le
canot. Ils étaient assis à terre, tous nus comme la
main. Il y avait trois hommes, âgés d'environ
trente-cinq ans, tous bien tournés, et ayant la
mine d'être adroits et robustes. Le reste consistait
en cinq femmes, parmi lesquelles il y en avait deux
de trente ou quarante ans, deux de vingt-cinq ou
vingt-six, et une grande fille bien faite de seize ou
dix-sept ans : elles étaient toutes fort bien propor-
tionnées pour la taille et pour les traits, mais d'une
couleur un peu tannée : il y en avait deux, qui, si
elles avaient été parfaitement blanches, auraient pu
passer pour de belles femmes, à Londres même ;
elles avaient quelque chose d'extrêmement gracieux
dans l'air du visage, et toute leur contenance était
fort modeste : ce qui fut surtout remarquable
après qu'on les eut habillées, quoique dans le fond
leurs habits ne fussent guère propres à relever les
agrémens du beau sexe.

La vue de toutes ces nudités parut pécher extrêmement contre la bienséance, particulièrement aux
Espagnols, qui, outre leur modération, leur inté-
grité et la douceur de leur naturel, se distinguaient
encore par leur modestie ; d'ailleurs ils avaient
toute la pitié possible de ces pauvres gens, les
voyant dans la plus triste situation, et dans la plus
mortelle inquiétude qu'on puisse s'imaginer, puisqu'ils s'attendaient à chaque moment à être traînés
hors de la cabane pour être assommés, et pour
servir d'un mets délicat à leurs maîtres.

Pour tâcher de les tranquilliser, ils ordonnèrent
au vieux sauvage, père de *Vendredi*, d'aller voir
s'il en connaissait quelqu'un, et s'il entendait quelque chose de leur langage. Le bon homme le fit,
les regarda fort attentivement, mais n'en reconnut
pas un seul. Il avait beau parler, personne ne com-

prît rien à ses pâroles et à ses signes, excepté une des femmes.

C'en était assez pour répondre au but des Espagnols, et pour les assurer que leurs maîtres étaient chrétiens; qu'ils avaient en horreur les festins de chair humaine, et qu'ils pouvaient être sûrs qu'on ne les égorgerait pas.

Dès qu'ils en furent instruits, ils marquèrent une joie extraordinaire par mille postures comiques toutes différentes; ce qui faisait voir qu'ils étaient de différentes nations.

La femme, qui faisait l'office de l'interprète, eut ordre de leur demander s'ils voulaient bien être esclaves, et travailler pour les hommes qui les avaient amenés pour leur sauver la vie : sur quoi ils se mirent tous à danser, et à prendre l'un une chose, l'autre une autre, et à les porter vers la cabane, pour marquer qu'ils étaient prêts à rendre à leurs maîtres toutes sortes de services.

Le gouverneur, craignant que ces femmes ne donnassent occasion à de nouvelles querelles, et peut-être à quelque effusion de sang, demanda aux trois Anglais ce qu'ils avaient résolu de faire de ces personnes, et s'ils avaient intention de les employer comme servantes ou comme femmes. « L'un et » l'autre, répondit un d'eux. — Je ne prétends pas » vous en empêcher, repartit l'Espagnol; vous en » êtes les maîtres ; mais je crois qu'il est juste, » pour éviter des désordres, que vous n'en preniez » chacun qu'une seule, et que vous vous y teniez » sans avoir aucun commerce avec les autres. Je » sais bien que je ne suis pas qualifié pour vous » marier légitimement ; mais il me paraît raison- » nable que, pendant que vous serez ici, vous » viviez avec la femme qui vous sera tombée en » partage, et comme si elle était réellement votre » épouse, et que vous la mainteniez comme telle,

» en l'empêchant de son côté d'avoir aucun com-
» merce scandaleux avec tout autre homme. » Cette
proposition leur parut à tous si juste et si équitable, qu'ils l'acceptèrent sans la moindre difficulté.

Les trois Anglais se trouvèrent même d'une humeur assez douce alors ; ils demandèrent aux Espagnols s'ils n'avaient pas envie d'en prendre quelques-unes pour eux. Ils répondirent tous que non.
Les uns dirent qu'ils avaient des femmes en Espagne ; et les autres, qu'ils n'avaient pas envie de
se joindre à des femmes qui n'étaient pas chrétiennes ; en un mot, ils déclarèrent tous qu'ils
avaient la conscience trop délicate pour avoir le
moindre commerce avec elles ; ce qui est un
exemple d'une vertu si rigide, que je n'en ai pas
rencontré un pareil dans tous mes voyages.

Enfin, les cinq Anglais convinrent d'en prendre
chacun une, et ainsi ils vécurent d'une manière
toute nouvelle. Les Espagnols et le père de *Vendredi* continuèrent à demeurer dans ma vieille habitation, qu'ils avaient élargie considérablement
en dedans. Ils avaient avec eux les trois esclaves,
qui avaient été pris lorsque les sauvages s'étaient
donné bataille : c'était là, pour ainsi dire, la capitale de la colonie, dont les autres tiraient des
vivres et toutes sortes de secours, selon que la nécessité l'exigeait.

Peut être n'y a-t-il rien de plus merveilleux dans
toute cette histoire, que la facilité avec laquelle
se fit le choix des femmes dont j'ai parlé, parmi ces
cinq compagnons presque tous également insolens et
difficiles à gouverner. Il est étonnant surtout qu'il
n'arrivât pas que deux s'attachassent à la même
personne, puisqu'il y en avait deux beaucoup plus
aimables que les autres. Il est vrai qu'ils trouvèrent un assez bon biais pour éviter les querelles;
car ayant mis les cinq femmes ensemble dans une

des huttes, ils s'en furent tous dans l'autre, et tirèrent au sort à qui choisirait la premier.

Ce qu'il y a encore de plus particulier, c'est que, celui à qui il échut de choisir avant tous les autres étant entré dans la cabane où se trouvaient ces femmes toutes nues, il prit celle qui passait avec raison pour la moins agréable de toutes, puisqu'elle était la plus laide et la plus vieille; ce qui excita de grands éclats de rire parmi les quatre autres, aussi bien que parmi les Espagnols. Mais il raisonnait mieux qu'eux tous, et comprit que dans ce choix il ne fallait pas seulement avoir égard à l'agrément, mais encore au secours qu'ils pouvaient tirer de leurs femmes dans l'économie de leurs affaires; et effectivement le succès le justifia, et sa femme fit voir qu'elle était la meilleure et la plus utile de toute la troupe.

L'affaire n'était pas tout-à-fait aussi divertissante pour les pauvres prisonnières; car lorsqu'elles se virent de cette manière toutes ensemble, et qu'on les venait chercher une à une, leurs anciennes frayeurs se renouvelèrent avec plus de force; et elles crurent fermement que le moment d'être dévorées était venu alors. Conformément à cette terrible prévention, lorsque le premier matelot entra pour emmener la plus vieille, les autres poussèrent les cris les plus lamentables, et environnèrent leur pauvre compagne pour prendre congé d'elle. Elles le firent avec de si grands transports de douleur, qu'elles auraient touché le cœur le plus dur; et il fut impossible aux Anglais de les tirer de l'opinion qu'on les allait tuer sans délai, jusqu'à ce qu'on eût fait venir le père de *Vendredi*, qui leur apprit que les cinq hommes avaient volonté d'en prendre chacun une pour en faire sa femme.

Lorsque cette cérémonie fut faite, et que la frayeur des nouvelles mariées fut un peu apaisée,

8.

les Anglais se mirent à travailler ; et aidés par les Espagnols, ils bâtirent en peu d'heures cinq nouvelles cabanes pour y loger, les autres étant, pour ainsi dire, toutes remplies de leurs meubles, de leurs outils et de leurs provisions. Les trois vauriens avaient choisi l'endroit le plus éloigné, et les deux autres le plus voisin de mon château, mais les uns et les autres vers le nord de l'île ; de manière qu'ils continuèrent à faire bande à part, et qu'il y avait ainsi dans mon île le commencement de trois villes différentes.

Pour remarquer ici combien il est difficile aux hommes de pénétrer les secrets de la Providence divine, il arriva justement que les deux honnêtes gens eurent en partage les femmes qui avaient le moins de mérite ; au lieu que les trois scélérats, qui n'étaient bons à rien, incapables de faire du bien aux autres et à eux-mêmes, en un mot, qui ne valaient presque pas la peine d'être pendus, échurent à des femmes adroites, diligentes, industrieuses, et parfaitement bonnes ménagères : je ne veux pas dire par-là que les autres fussent d'un mauvais naturel ; elles étaient toutes cinq également douces, patientes, tranquilles et soumises, plutôt comme esclaves que comme femmes. Je veux seulement faire entendre que les deux dont il s'agit ici étaient moins habiles que les autres, moins laborieuses et moins propres.

Je dois faire ici encore une remarque en l'honneur d'un esprit appliqué, et à la honte d'un naturel paresseux et négligent. Lorsque j'allai voir les différentes plantations, et la manière dont chaque petite colonie les conduisait, je trouvai que celle des Anglais honnêtes gens surpassait tellement celle des trois vauriens, qu'il n'y avait pas la moindre comparaison à faire. Il est vrai que les uns et les autres avaient cultivé autant de terre

qu'il était nécessaire pour y semer du blé suffisamment ; mais d'ailleurs rien n'était plus aisé que de
remarquer une très-grande différence dans la manière dont chaque petite colonie s'y était prise pour
rendre les terres fertiles et pour les enfermer dans
des enclos.

Les deux honnêtes gens avaient planté autour de
leur cabane une quantité prodigieuse d'arbres , qui
la rendaient inaccessible et qui en cachaient la vue ;
et quoique leur plantation eût été deux fois ruinée ,
la première fois par leurs propres compatriotes, et
la seconde par les sauvages, comme on va le voir,
tout était rétabli déjà, et aussi florissant que jamais. Leurs vignes étaient arrangées comme si elles
étaient nées dans le pays où elles sont d'ordinaire ,
et les raisins en étaient aussi bons que ceux de l'île,
quoique leurs vignes fussent beaucoup plus-jeunes
que celles des autres , par les raisons que je viens
d'alléguer. De plus , ils s'étaient fait une retraite
dans le plus épais du bois, où , par un travail
assidu , ils s'étaient creusé une cave, qui leur servit
extrêmement dans la suite pour y cacher leur famille , quand ils furent attaqués par les barbares.
Ils avaient planté tout autour un si grand nombre
d'arbres qu'elle était inaccessible , sinon par de
petits chemins qu'ils étaient seuls capables de
trouver.

Pour les trois vauriens, quoique leur nouvel établissement les eût fort civilisés, eu comparaison de
leurs brutalités passées, et qu'ils ne donnassent
plus de si fortes marques de leur humeur mutine et
querelleuse, il leur restait toujours un des carac-
tères d'un cœur vicieux, je veux dire la paresse. Il
est vrai qu'ils avaient semé du blé, et qu'ils avaient
fait des enclos ; mais ils avaient parfaitement vé-
rifié ces paroles de Salomon : «J'ai passé dans la
» vigne du paresseux, et elle était toute couverte

» *d'épines.* » Quand les Espagnols vinrent pour voir la moisson de ces trois Anglais, ils ne la purent découvrir qu'à peine à travers les mauvaises herbes. Il y avait dans leur haie plusieurs trous, que les boucs sauvages y avaient faits pour manger les épis ; et quoiqu'ils les eussent bouchés tellement quellement, cela s'appelait *fermer l'écurie après que le cheval a été volé.*

La plantation des deux autres, au contraire, avait partout un air d'application et de succès. On ne découvrait pas une mauvaise herbe entre leurs épis, ni la moindre ouverture dans leur haie. Ils vérifiaient cet autre passage de Salomon : *La main diligente enrichit.* Tout germait, tout croissait chez eux ; ils jouissaient d'une pleine abondance ; ils avaient plus de bétail que les autres, plus de meubles, plus d'ustensiles, en même tems plus de moyens de se divertir.

Il est vrai que les femmes des trois premiers étaient très-propres, très-adroites, qu'elles exécutaient tout ce qui regardait l'économie intérieure, et qu'ayant appris la manière anglaise de faire la cuisine, d'un des deux autres Anglais qui avait été second cuisinier du vaisseau, elles donnaient fort proprement à manger à leurs maris ; au lieu qu'il avait été impossible d'y dresser les deux autres femmes ; mais en récompense le second cuisinier s'en acquittait très-bien lui-même, sans négliger aucune de ses autres occupations. Celle des trois autres n'était que d'aller rôder par toute l'île, de chercher des œufs de tourterelles, de pêcher et de chasser ; en un mot, ils s'occupaient à tout, excepté à ce qui était nécessaire. En récompense, ils vivaient comme des gueux ; au lieu que la manière de vivre des autres était agréable et aisée.

J'en viens à présent à une scène tragique, différente de tout ce qui était arrivé auparavant à la colonie et à moi-même. En voici le récit fidèle et circonstancié.

Il arriva un jour, de fort bon matin, que cinq ou six canots pleins de sauvages abordèrent, sans doute dans la vue ordinaire de faire quelque festin. Cet accident était devenu si familier à la colonie, qu'elle ne s'en mettait plus en peine, et qu'elle ne songeait qu'à se tenir cachée, persuadée que, si elle n'était pas découverte par les sauvages, ils se rembarqueraient dès qu'ils auraient mangé leurs provisions, puisqu'ils n'avaient pas la moindre idée des habitans de l'île. Celui qui avait fait une pareille découverte se contentait d'en donner avis à toutes les différentes plantations, afin qu'on se tînt clos et couvert, en plaçant seulement une sentinelle pour les avertir du rembarquement des sauvages.

Ces mesures étaient justes, sans doute; mais un désastre imprévu les rendit inutiles, et faillit être la ruine de toute la colonie, en la découvrant aux barbares. Dès que les canaux des sauvages eurent remis en mer, les Espagnols sortirent de leurs niches, et quelques-uns d'entre eux eurent la curiosité d'aller examiner le lieu du festin. A leur grand étonnement, ils y trouvèrent trois sauvages étendus à terre, et ensevelis dans un profond sommeil : apparemment ils s'étaient tellement remplis de leurs mets horribles, qu'ils s'étaient mis à dormir comme des bêtes, sans vouloir se lever, lorsque leurs compagnons avaient été prêts à partir; ou bien ils s'étaient peut-être égarés dans les bois, et ils n'étaient pas venus à tems pour se rembarquer avec les autres.

Quoi qu'il en soit, les Espagnols étaient fort embarrassés, et le gouverneur, consulté sur cet accident, était tout aussi embarrassé que les autres. Ils avaient des esclaves autant qu'il leur en fallait, et ils n'étaient pas d'humeur à tuer ceux-ci de sang-froid. Les pauvres gens ne leur avaient pas fait le moindre tort, et ils n'avaient aucun sujet de guerre légitime contre eux, qui pût les autoriser à les traiter en ennemis.

Je dois rendre ici cette justice à ces Espagnols, que, malgré tout ce qu'on raconte des cruautés que cette nation a exercées dans le Mexique et dans le Pérou, je n'ai de ma vie vu, dans aucun pays, dix-sept hommes, de quelque nation que ce fût, si modestes, si modérés, si vertueux, si civils, et d'un si bon naturel. Ils n'étaient pas susceptibles de la moindre inhumanité, ni d'aucune passion violente; et cependant ils avaient tous une valeur extraordinaire, et une noble fierté.

La douceur de leur tempérament, et l'empire qu'ils avaient sur leurs passions, avaient suffisamment paru dans la manière dont ils s'étaient conduits avec les trois Anglais; et dans ce cas-ci, ils donnèrent la plus belle preuve qu'on puisse s'imaginer de leur humanité et de leur justice.

Le parti le plus naturel qu'il y avait à prendre, c'était de se retirer, et de donner par-là le tems à ces Indiens de s'éveiller, et de sortir de l'île; mais une circonstance rendait ce parti inutile. Ces pauvres gens n'avaient point de barque, et s'ils se mettaient à rôder par l'île, ils pouvaient découvrir les plantations, et par-là causer la ruine de la colonie.

Là-dessus, voyant que ces malheureux sauvages continuaient toujours à dormir, ils résolurent de les éveiller et de les faire prisonniers. Ces pauvres gens furent extrêmement surpris quand ils se virent saisis et liés, et ils furent agités d'abord par les mêmes craintes qu'on avait remarquées dans les femmes de nos Anglais; car il semble que ces peuples

s'imaginent que leur coutume de manger les hommes
est généralement répandue par toutes les nations.
Mais on les délivra bientôt de ces frayeurs, et on
les mena dans le moment même, à une des plantations.

Par bonheur, on ne les conduisit pas à mon
château ; ils furent d'abord menés à ma maison
de campagne, qui était la ferme principale, et
ensuite on les transporta à l'habitation des deux
Anglais.

Là, on les fit travailler, quoiqu'ils n'eussent pas
grand'chose à faire pour eux ; et n'y prenant pas garde
de si près, parce qu'ils les trouvaient incapables de
bien apprendre le labourage, ils aperçurent un jour
qu'un des trois s'était échappé ; et, quelque recherche qu'on en fît, on n'en entendit plus parler dans
la suite.

Tout ce qu'ils purent croire, quelque tems après,
c'est qu'il avait trouvé le moyen de revenir chez lui
avec les canots de quelques sauvages, qui, par les motifs ordinaires, avaient fait deux mois après quelque
séjour dans l'île.

Cette pensée les effraya extrêmement ; ils en con-
clurent, avec beaucoup de raison, que si ce drôle
revenait parmi ses compatriotes, il ne manque-
rait pas de les informer que l'île était habitée.
Par bonheur il n'avait jamais été instruit du nomb·e
des habitans, et de leurs différentes plantations.
Il n'avait jamais vu, ni entendu l'effet de leurs armes à feu, et ils n'avaient eu garde de lui découvrir
aucune de leurs retraites, telles que ma grotte dans
la vallée, et la cave que les Anglais s'étaient creusée
eux-mêmes.

La première certitude qu'ils eurent de n'avoir que
trop bien conjecturé, c'est que, deux mois après,
six canots remplis chacun de sept, huit, ou dix
sauvages, vinrent raser la côte septentrionale de

l'île, où ils n'étaient jamais venus auparavant, et qu'ils y débarquèrent une heure après le lever du soleil. à un mille de distance de l'habitation des deux Anglais, où avait demeuré l'esclave en question.

Si toute la colonie s'était trouvée de ce côté-là, le mal n'aurait pas été grand ; et, selon toutes les apparences, aucun des ennemis n'aurait échappé. Mais il n'était pas possible à deux hommes d'en repousser une cinquantaine, et de les combattre avec succès.

Les deux Anglais les avaient découverts en mer à une lieue de distance, et par conséquent il se passa une grosse heure avant qu'ils fussent à terre ; et comme ils avaient débarqué à un mille de leur habitation, il leur fallait du tems pour revenir jusque-là. Nos pauvres Anglais, ayant toute la raison imaginable de se croire trahis, prirent d'abord le parti de garrotter les deux qui leur restaient, et d'ordonner à deux des trois autres qui avaient été emmenés avec les femmes, et qui avaient donné à leurs maîtres des marques de leur fidélité, de conduire dans la cave susdite les deux nouveau-venus avec les femmes, et tous les meubles dont ils pouvaient se charger. Ils leur recommandèrent encore de tenir là ces deux sauvages pieds et poings liés jusqu'à nouvel ordre.

Ensuite voyant tous les sauvages débarqués venir droit du côté de leurs huttes, ils ouvrirent leur enclos. où leurs chèvres apprivoisées étaient gardées ; ils les chassèrent toutes dans les bois aussi bien que les chevreaux, pour faire croire aux ennemis qu'ils avaient été toujours sauvages. Mais l'esclave qui était leur guide les avait trop bien instruits pour en être les dupes; car ils continuèrent leur marche directement vers la demeure des deux Anglais.

Après que ceux-ci eurent mis de cette manière en sûreté leurs femmes et leurs ustensiles, ils envoyèrent le troisième esclave qui était venu dans l'île avec les femmes, vers les Espagnols, pour aller avertir au plus vîte du danger qui les menaçait, et pour leur demander un prompt secours. En même tems ils prirent leurs armes et leurs munitions, et se retirèrent dans le même bois où était la cave qui servait d'asile à leurs femmes. Ils s'arrêtèrent à quelque distance de là, pour voir, s'il était possible, le chemin que prendraient les sauvages.

Au milieu de leur retraite, ils virent d'une colline un peu élevée toute la petite armée de leurs ennemis approcher de leurs cabanes, et un moment après ils les virent dévorées des flammes de tous côtés, ce qui leur donna la plus cruelle mortification. C'était pour eux une perte irréparable, du moins pour fort long-tems.

Ils s'arrêtèrent pendant quelque tems sur cette petite colline, jusqu'à ce qu'ils virent les sauvages se répandre partout comme une troupe de bêtes féroces, et rôdant pour trouver quelque butin, surtout pour déterrer les habitans, dont il était aisé de voir qu'ils avaient connaissance.

Cette découverte fit sentir aux Anglais qu'ils n'étaient pas en sûreté dans le lieu où ils se trouvaient, parce qu'il était fort naturel que quelques-uns des ennemis enfileraient cette route, et dans ce cas, ils auraient pu y venir en trop grand nombre pour pouvoir leur résister.

Pour cette raison, ils trouvèrent à propos de pousser leur retraite une demi-lieue plus loin, s'imaginant que plus les sauvages se répandraient au long et au large, et plus leurs pelotons seraient petits.

Ils firent leur première halte à l'entrée d'une partie du bois fort épais, où se trouvait le

tronc d'un vieux arbre fort touffu et entièrement creux. Ils s'y mirent l'un et l'autre, résolus d'attendre là l'événement de toute cette triste
aventure.

Ils ne s'y étaient pas tenus long-tems, quand ils
aperçurent deux sauvages s'avancer tout droit de ce
côté-là, comme s'ils les avaient découverts, et les allaient attaquer ; et à quelque distance ils en virent
trois autres, suivis de cinq autres encore, et tenant
tous la même route. Outre ceux-là, ils virent à une
plus grande distance sept autres sauvages, qui pre-
naient un chemin différent : car toute la troupe s'é-
tait répandue dans l'île, comme des chasseurs qui
battent le bois pour faire lever le gibier.

Les pauvres Anglais se trouvèrent alors dans un
grand embarras, ne sachant pas s'il valait mieux
s'enfuir, ou garder leur poste ; mais après une courte
délibération, ils considérèrent que, si les ennemis continuaient à rôder partout de cette manière, avant l'arrivée du secours, ils pourraient
bien découvrir la cave, ce qu'ils regardaient comme
le dernier des malheurs. Ils résolurent donc de les
attendre, et s'ils étaient attaqués par une troupe
trop forte, de monter jusqu'au haut de l'arbre, d'où
ils pourraient se défendre tant que leurs munitions
dureraient, quand même ils se trouveraient environnés de tous les sauvages qui étaient débarqués,
à moins qu'ils ne s'avisassent de mettre le feu à
l'arbre.

Ayant pris ce parti, ils considérèrent encore s'il
serait bon de faire d'abord feu sur les deux premiers, ou s'ils attendraient la venue des trois,
pour séparer ainsi les premiers d'avec les cinq
qui suivaient les trois du milieu. Ce parti leur
parut le meilleur, et ils résolurent de laisser passer
les deux premiers, à moins qu'ils ne vinssent les
attaquer. Ils furent confirmés dans cette résolu-

tion par le procédé de ces deux sauvages, qui prirent
un peu du côté de l'arbre, en avançant vers une autre
partie du bois ; mais les trois et les cinq qui les suivaient continuèrent leur chemin directement vers
eux, comme s'ils avaient été instruits du lieu de leur
retraite.

Comme ils se suivaient tous l'un après l'autre, les
Anglais qui trouvaient bon de ne tirer qu'un à un ,
crurent qu'il n'était pas impossible d'abattre les trois
premiers d'un seul coup. Là-dessus celui qui devait
tirer le premier, mit trois ou quatre balles dans son
mousquet, et le plaçant dans un trou de l'arbre très-
propre à assurer le coup, il attendit qu'ils fussent
venus à trente verges de distance, pour ne les pas
manquer.

Pendant que l'ennemi avançait, ils virent distinctement, parmi les trois premiers, leur esclave fugitif, et ils résolurent qu'il n'échapperait pas,
quand ils devraient tirer l'un immédiatement après
l'autre. Ainsi l'un se tint prêt pour ne le pas manquer, si par hasard il ne tombait pas du premier
coup.

Mais le premier savait viser trop juste pour perdre
sa poudre ; il fit feu, et en toucha deux de la bonne
manière. Le premier tomba roide mort, la balle lui
ayant passé tout au travers de la tête. Le second,
qui était l'esclave fugitif, avait la poitrine percée
d'outre en outre, et tomba par terre, quoiqu'il ne
fût pas tout à fait mort ; pour le troisième, il n'avait
qu'une légère blessure à l'épaule, causée apparemment par la même balle qui était passée par le corps
du second. Cependant effrayé mortellement, il s'était
jeté à terre, en poussant des cris et des hurlemens
épouvantables.

Les cinq qui les suivaient, plus étonnés du bruit
qu'instruits du danger, s'arrêtèrent sur-le-champ.
Les bois avaient rendu le bruit mille fois plus terrible

par les échos qui le répétaient de toutes parts, et les oiseaux se levant de tous côtés, y mêlaient toutes sortes de cris, chacun selon sa différente espèce. En un mot, c'était précisément la même chose que lorsque la première fois de ma vie j'avais tiré un coup de fusil dans l'île.

Cependant, voyant que tout était rentré dans le silence, et ne sachant pas de quoi il s'agissait, ils s'avancèrent sans doute sans donner la moindre marque de crainte ; mais quand ils furent venus à l'endroit où leurs pauvres compagnons avaient été si maltraités, ils se pressèrent tous autour du sauvage blessé, et lui parlaient apparemment, en le questionnant touchant la cause de son malheur, sans savoir qu'ils étaient exposés au même danger.

Il leur répondit, sans doute, qu'un éclat de feu, suivi d'un affreux coup de tonnerre, descendu du ciel, avait tué deux de ses camarades, et l'avait blessé lui-même. Cette réponse, du moins, était fort naturelle : car, comme il n'avait vu aucun homme près de lui, et qu'il n'avait jamais entendu un coup de fusil, bien loin d'en connaître les terribles effets, il lui était difficile de faire quelque autre conjecture là-dessus. Ceux qui le questionnaient étaient certainement aussi ignorans que lui ; sans cela ils ne se seraient pas amusés à examiner, d'une manière si tranquille, la destinée de leurs compagnons, sans s'attendre à un sort pareil.

Nos deux Anglais étaient bien fâchés, comme ils m'ont dit dans la suite, de se voir obligés de tuer tant de pauvres créatures humaines, qui n'avaient pas la moindre idée du péril qui les menaçait de si près ; cependant, y étant forcés par le soin de leur propre conservation, et les voyant tous, pour ainsi dire, sous leur pouvoir, ils résolurent de leur lâcher une déchárge générale ; car le premier avait eu tout le tems nécessaire pour recharger son fusil. Ils convinrent ensemble des différens côtés où ils viseraient, pour rendre l'exécution plus terrible, et faisant feu en même tems, ils tuèrent et blessèrent quatre de leur troupe, et le cinquième, quoiqu'il ne fût touché en aucune manière, tomba à terre avec le reste, comme mort de peur ; de manière que nos gens s'imaginèrent les avoir tous tués.

Cette opinion les fit sortir hardiment de l'arbre, sans avoir rechargé ; ce qui était une démarche fort imprudente ; ils furent bien étonnés, en approchant de l'endroit, d'en voir quatre en vie, parmi lesquels il y en avait deux blessés assez légèrement, et un autre sain et sauf. Cette découverte les obligea à donner dessus avec la crosse du fusil. Ils dépêchèrent d'abord l'esclave qui était la cause de tout ce désastre, et un autre qui était blessé au genou. Ensuite le sauvage qui n'avait pas reçu la moindre blessure, se mit à genoux devant eux, tendant ses mains vers le ciel, et par un murmure lamentable, et d'autres signes aisés à comprendre, il demanda la vie : pour les paroles qu'il prononçait, elles leur étaient absolument inintelligibles.

Ils lui répondirent par signes, de s'asseoir au pied d'un arbre, et un des Anglais ayant par hasard sur lui une corde, lui lia les pieds et les mains, et le laissant là dans cette situation, ils se mirent l'un et l'autre aux trousses des deux premiers avec toute la vivacité possible, craignant qu'ils ne découvrissent la cave qui cachait leurs femmes et tout le bien qui leur restait. Ils les eurent en vue une fois, mais à une grande distance. Ce qui leur plaisait fort pourtant, c'était de les voir traverser une vallée du côté de la mer, par un chemin qui était tout à fait à

9.

l'opposite de la cachette pour laquelle ils craignaient
si fort. Satisfaits de cette découverte, ils s'en retournèrent vers l'arbre où ils avaient laissé leur prisonnier; mais ils ne l'y trouvèrent point. Les cordes dont
il avait été lié étaient à terre au pied du même arbre,
et ils crurent qu'il avait été trouvé et délié par les
autres sauvages.

Ils étaient alors dans un aussi grand embarras
qu'auparavant, ne sachant quelle route prendre, ni
où était l'ennemi, ni en quel nombre. Là-dessus
ils prirent le parti de s'en aller vers la cave, et pour
voir si tout y était en bon état, et pour calmer
la frayeur de leurs femmes, qui, quoique sauvages
elles-mêmes, craignaient mortellement leurs compatriotes, parce qu'elles connaissaient parfaitement
leur naturel.

Y étant arrivés, ils virent que les Indiens avaient
été dans le bois, et fort près de l'endroit en
question, mais qu'ils ne l'avaient pas déterré.
Il ne faut pas s'en étonner; les arbres y étaient
si touffus et si serrés, qu'il n'était pas possible
d'y pénétrer sans un guide qui connût les chemins; et, comme nous avons vu, celui qui conduisait les Indiens était là-dessus aussi ignorant
qu'eux.

Nos Anglais trouvèrent donc toutes choses comme
ils le souhaitaient; mais leurs femmes étaient dans
une terrible frayeur. Dans le même tems ils virent
arriver à leur secours sept Espagnols : les dix autres
avec leurs esclaves et le père de *Vendredi*, avaient
fait un petit corps pour défendre la ferme, que j'appelle ma maison de campagne, et où ils avaient leur
blé et leur bétail; mais les sauvages ne s'étaient pas
étendus jusque-là. Ces sept Espagnols étaient ac-
compagnés de l'esclave que les Anglais leur avaient
envoyé, et du sauvage qu'ils avaient laissé lié au pied
de l'arbre. Ils virent alors qu'il n'avait pas été délié

par ses compagnons, mais bien par les Espagnols,
qui avaient été dans cet endroit, où ils avaient vu
sept cadavres, et ce pauvre malheureux qu'ils avaient
trouvé bon d'emmener avec eux. Il fut pourtant nécessaire de le lier de nouveau, et de lui faire tenir
compagnie aux deux qui étaient restés, lorsque le
troisième, auteur de tout le mal, avait fait son es-
capade.

Les prisonniers commencèrent alors à leur être
à charge, et ils craignaient si fort qu'ils n'échap-
passent, qu'ils résolurent une fois de les tuer tous,
persuadés qu'ils y étaient contraints par l'amour
qu'ils se devaient à eux-mêmes. Le gouverneur Espagnol ne voulut pourtant pas y consentir, et ordonna, en attendant mieux, qu'on les envoyât à ma
vieille grotte, dans la vallée, avec deux Espagnols
pour les garder et pour leur donner la nourriture
nécessaire. On le fit, et ils restèrent là toute la nuit
suivante, liés et garottés.

Les deux Anglais, voyant les troupes auxiliaires
des Espagnols, en furent si fort encouragés, qu'ils
ne voulurent pas en rester-là ; ils prirent avec eux
cinq Espagnols, et ayant à eux tous cinq mousquets,
un pistolet, et deux bâtons à deux bouts, ils par-
tirent aussitôt pour aller à la chasse des sauvages. Ils s'en furent du côté de l'arbre, où ils avaient
d'abord fait tête aux sauvages, et ils virent sans
peine qu'il en était venu d'autres depuis ce tems-là,
et qu'ils avaient fait quelques efforts pour emporter leurs compagnons qui y avaient perdu la
vie, puisque en ayant traîné deux assez loin de
là, ils avaient été obligés de se désister de leur
entreprise. De là ils avancèrent vers la colline,
qui avait été leur premier poste, et d'où ils
avaient eu la mortification de voir leurs maisons en
feu. Ils eurent le déplaisir de les voir encore toutes

fumantes, mais ils ne découvrirent aucun de leurs ennemis.

Ils résolurent alors d'aller, avec toute la précaution possible, vers leurs plantations ruinées ; mais en chemin faisant, étant à portée de voir le rivage de la mer, ils virent distinctement les sauvages empressés à se jeter dans leurs canots, pour se retirer de cette île qui leur ayait été si fatale.

Ils furent d'abord fâchés de les laisser partir sans les saluer encore d'une bonne décharge ; mais en examinant la chose avec plus de sang-froid, ils furent ravis d'en être quittes.

Ces pauvres Anglais étant ruinés alors pour la seconde fois, et privés de tout le fruit de leur travail, les autres s'accordèrent tous à les aider à relever leurs habitations, et à leur donner tous les secours possibles. Leurs trois compatriotes même, qui jusque-là n'avaient pas marqué la moindre inclination pour eux, et qui n'avaient rien su de toute cette affaire, parce qu'ils s'étaient établis du côté de l'est, vinrent offrir leur assistance, et travaillèrent pour eux, pendant plusieurs jours, avec beaucoup de zèle. De cette manière, en fort peu de tems, ces pauvres Anglais furent de nouveau en état de subsister par eux-mêmes.

Deux jours après, la colonie eut la satisfaction de voir trois canots des Indiens portés sur le rivage, et près de là deux hommes noyés : ce qui fit croire, avec beaucoup de fondement, que les ennemis avaient eu une tempête en mer, et que quelques-unes de leurs barques avaient été renversées ; cela était confirmé par un vent violent qu'on avait senti dans l'île la nuit même après le départ des ennemis.

Cependant si quelques-uns étaient péris par la tempête, il en restait assez pour informer leurs compatriotes de ce qu'ils avaient fait et de ce qui leur était

rrivé, et pour les porter à une seconde entreprise, où
ils pourraient employer assez de forces pour n'en
avoir pas le démenti.

Il est vrai qu'ils n'étaient pas en état d'ajouter des
particularités fort essentielles au récit que leur guide
vait fait des habitans. Ils n'avaient vu eux-mêmes
ucun homme, et leur guide étant mort, il n'était
as impossible qu'ils ne commençassent à révoquer
en doute la fidélité de son rapport. Du moins rien ne
s'était offert à eux, capable d'en confirmer la vérité.

Cinq ou six mois se passèrent avant qu'on enten-
dît parler dans l'île de quelques nouvelles entreprises
des sauvages; et mes gens commençaient à espérer
que les Indiens avaient oublié leurs malheureux
succès, ou bien qu'ils désespéraient de les réparer,
quand tout à coup ils furent attaqués par une flotte
formidable de tout au moins vingt-huit canots
remplis de sauvages, armés d'arcs et de flèches, de
massues, de sabres de bois, et d'autres pareilles
armes. Leur nombre était si grand qu'il jeta toute la
colonie dans la consternation. Comme ils débarquèrent vers le soir dans la partie orientale de l'île,
nos gens eurent toute cette nuit pour se consulter sur
ce qu'ils avaient à faire. Sachant que leur sûreté avait
consisté entièrement à n'être point découverts, ils
crurent qu'ils y étaient portés alors par des motifs
d'autant plus forts, que le nombre de leurs ennemis
était plus grand.

Conformément à cette opinion, ils résolurent d'a-
bord d'abattre les cabanes des deux Anglais, et de
renfermer le bétail dans la vieille grotte; car ils
supposaient que les sauvages tireraient tout droit de
ce côté-là, pour jouer encore le même jeu, quoiqu'ils
fussent abordés à plus de deux lieues de l'habitation
de ces deux Anglais infortunés.

Ensuite ils emmenèrent tout le bétail qui était dans ma vieille maison de campagne, et qui appart·nait aux Espagnols; en un mot, ils ôtèrent, antant qu'il fut possible, tout ce qui était capable de faire croire l'île habitée. Le jour après, ils se portèrent de bon matin, avec toutes leurs forces, devant la plantation des deux Anglais, pour y attendre l'ennemi de pied ferme.

La chose arriva précisément comme ils l'avaient conjecturé. Les sauvages laissant leurs canots près de la côte orientale de l'île, s'avancèrent sur le rivage, directement vers le lieu en question, au nombre d'environ deux cent cinquante, selon que nos gens pouvait en juger.

Notre armée était fort petite en comparaison; et, ce qui était le plus fâcheux, il n'y avait pas de quoi lui fournir suffisamment d'armes.

Voici le compte des hommes :

17 Espagnols.
 5 Anglais.
 1 Le père de *Vendredi*.
 3 Esclaves venus dans l'île avec les femmes sauvages, et qui s'étaient montrés fort fidèles.
 3 Autres esclaves qui servaient les Espagnols.

———————

29   Nombre total.

———————

Pour armer ces combattans, il y avait:

11 mousquets.
5 pistolets.
3 fusils de chasse.
5 fusils que j'avais ôtés aux matelots mutins en
 les désarmant.
2 sabres.
3 vieilles hallebardes.

29.   Nombre total.

Pour en tirer tout l'usage possible, ils ne donnèrent point d'armes à feu aux esclaves; mais ils
les armèrent chacun d'une hallebarde, ou d'un
bâton à deux bouts, avec une hache. Chaque com-
battant européen en prit une aussi. Il y avait encore deux femmes qu'il ne fut pas possible de
détourner d'accompagner leurs maris au combat.
On leur donna les arcs et les flèches que les Espagnols avaient prises des sauvages à la bataille
qui s'était donnée dans l'île, il y avait quelque
tems, entre deux différentes troupes d'Indiens.
On donna encore une hache à chacune de ces Ama-
zones.
Le gouverneur Espagnol, dont j'ai déjà parlé
si souvent, était généralissime; et Guillaume Atkins,
qui, quoiqu'un terrible homme quand il s'agissait
de commettre quelque crime, était cependant plein
de valeur, commandait sous lui. Les sauvages
avancèrent sur les nôtres comme des lions; et ce
qu'il y avait de fâcheux, c'est que nos gens ne pouvaient pas tirer le moindre secours du lieu où ils
étaient postés, excepté que Guillaume Atkins,
qui, dans cette occasion rendit de grands services,
était caché avec six hommes derrière quelques brous-

sailles, en guise d'une grande avancée, ayant ordre
de laisser passer les premiers des ennemis, de
faire feu ensuite au beau milieu de la troupe et de se
retirer après avec toute la promptitude possible, en
faisant un détour dans les bois pour se placer derrière les Espagnols, qui avaient une rangée d'arbres
devant eux.

Les sauvages s'avançant par petits pelotons sans
aucun ordre, Atkins en laissa passer une cinquantaine et voyant que le reste faisait une troupe aussi
épaisse que dérangée, il fit faire feu à trois de ses
gens, qui avaient chargé tous leurs fusils de six ou
sept balles, à peu près du calibre d'un pistolet. Il
n'est pas possible de dire combien ils en tuèrent
et blessèrent ; mais leur surprise et leur consternation n'est pas exprimable. Ils étaient dans un étonnement et dans une frayeur terrible d'entendre un
bruit si inoui, et de voir les gens tués et blessés sans
en pouvoir découvrir la cause, quand Atkins lui-
même et les trois autres firent une nouvelle décharge
dans le plus épais de leur bataillon ; et en moins
d'une minute, les trois premiers ayant eu le tems de
charger de nouveau leurs fusils, leur donnèrent une
troisième décharge.

Si alors Atkins et ses gens s'étaient retirés immédiatement, comme on lui avait ordonné, ou si les
autres avaient été à portée de continuer le feu,
les sauvages étaient défaits indubitablement ; car
la consternation dans laquelle ils étaient, venait
principalement de ce qu'ils s'imaginaient que c'é-
tait les dieux qui les tuaient par le tonnerre et
par la foudre. Mais Guillaume s'arrêtant là pour
recharger de nouveau, les tira d'erreur. Quelques-
uns des ennemis les plus éloignés le découvrirent
et le vinrent prendre par derrière ; et quoique
Atkins fît encore feu sur ceux-là deux ou trois
fois, et qu'il en tuât une vingtaine, il fut cepen-

dant blessé lui-même ; un de ses gens Anglais fut
tué à coups de flèches, et le même malheur arriva
quelque tems après à un Espagnol et à un des
esclaves qui étaient venus dans l'île avec les épouses
des Anglais. C'était un garçon d'une bravoure
étonnante, il s'était battu en désespéré, et il avait
dépêché lui seul cinq ennemis, quoiqu'il n'eût
d'autres armes qu'un bâton à deux bouts et une hache.

Nos gens étant pressés de cette manière-là, et
ayant souffert une perte si considérable, se retirèrent vers une colline dans le bois, et les Espagnols,
après avoir fait trois décharges, firent la retraite
aussi.

Le nombre des ennemis était terrible, et ils se
battaient tellement en désespérés, que, quoiqu'il
y en eût une cinquantaine de tués et autant de
blessés, au moins ils ne laissaient pas d'enfoncer
nos gens, sans se mettre en peine du danger, et leur
envoyaient continuellement des nuées de flèches.
On observa même que leurs blessés, qui étaient
encore en état de combattre, en devenaient plus
furieux, et qu'ils étaient plus à craindre que les
autres.

Lorsque nos gens commencèrent leur retraite, ils
laissèrent leurs morts sur le champ de bataille, et
les sauvages maltraitèrent les cadavres de la manière du monde la plus cruelle, leur cassant les
bras, les jambes et la tête avec leurs massues et
leurs sabres de bois, comme de vrais barbares qu'ils
étaient.

Voyant que nos gens s'étaient retirés, ils ne songèrent pas à les suivre ; mais s'étant rangés en cercle,
selon leur coutume, ils poussèrent deux grands cris
en signe de victoire. Leur joie fut pourtant modérée
peu après par plusieurs de leurs blessés qui tombèrent à terre, et qui perdirent la vie à force de perdre
du sang.

Tome III.

Le gouverneur ayant retiré sa petite armée sur un tertre un peu élevé, Atkins, tout blessé qu'il était, fut d'avis qu'on marchât et qu'on donnât de nouveau avec toutes les forces unies. Mais le gouverneur lui répliqua : « Seigneur Atkins, vous voyez de » quelle manière désespérée leurs blessés combat- » tent ; laissons-les en repos jusqu'à demain ; » tous ces malheureux seront roides de leurs » blessures, ils seront trop affaiblis par la perte » de leur sang pour en venir aux mains de nou- » veau, et nous aurons meilleur marché du » reste. »

— « C'est fort bien dit à vous, seigneur, ré- » pliqua Atkins avec une gaieté brusque ; mais » parbleu il en sera de moi précisément comme des » sauvages, je ne serai bon à rien demain ; et c'est » pour cela que je voudrais recommencer la danse » pendant que je suis encore échauffé. — Vous » parlez en brave homme, seigneur Atkins, ré- » partit l'Espagnol, et vous avez agi de même ; » vous avez fait votre devoir, et nous nous bat- » trons pour vous demain, si vous n'êtes pas » en état d'être de la partie. Attendons jusqu'à » demain, je crois que ce sera le parti le plus » sage. »

Néanmoins, comme il faisait un fort beau clair de lune, et que nos gens savaient que les sauvages étaient dans un grand désordre, courant confusément de côté et d'autre, près l'endroit où étaient leurs morts et leurs blessés, ils résolurent ensuite de tomber sur eux pendant la nuit, persuadés que, s'ils pouvaient donner une seule décharge avant que d'être découverts, leurs affaires iraient bien. L'occasion était merveilleuse pour le faire ; car un des Anglais, près l'habitation duquel le combat avait commencé, savait un moyen sûr pour les surprendre. Il fit faire à nos gens un détour dans le bois, du côté de l'ouest, et puis tournant du côté du sud, il les mena si près du lieu où était le plus grand nombre des sauvages, qu'avant d'avoir été vus ou entendus, huit d'entre eux firent une décharge sur les ennemis avec un succès terrible. Une demi-minute après, huit autres les saluèrent de la même manière, et répandirent parmi eux une si grande quantité de grosses dragées, qu'il y en eut un grand nombre de tués et de blessés ; et pendant tout ce tems-là, il ne leur fut pas possible de découvrir d'où venait ce carnage, et de quel côté ils devaient fuir.

Les nôtres ayant chargé leurs armes de nouveau, avec toute la promptitude possible, se partagèrent en trois troupes, résolus de tomber sur les ennemis tous à la fois. Dans chaque petite troupe, il y avait huit personnes ; car ils étaient en tout vingt-quatre, si l'on compte les deux femmes, qui, pour le dire en passant, combattirent avec toute la fureur imaginable.

Ils partagèrent les armes à feu également à toutes les troupes, comme aussi les hallebardes et les bâtons à deux bouts. Ils voulaient laisser les femmes derrière ; mais elles dirent qu'elles étaient résolues de mourir avec leurs maris. S'étant mis en bataille, ils sortirent du bois, en poussant un cri de toutes leurs forces. Les sauvages tinrent ferme, mais ils étaient dans la dernière consternation, en entendant nos gens pousser leurs cris de trois côtés différens. Ils étaient assez courageux pour nous combattre, s'ils nous avaient vus ; et effectivement, dès que nous approchâmes, ils tirèrent plusieurs flèches, dont l'une blessa le pauvre père de *Vendredi*, mais pas dangereusement. Nos gens ne leur donnèrent guère de tems, et se ruant sur eux, après avoir fait feu de trois côtés différens, ils se mêlèrent avec eux, et à coups de crosses, de sabres, de haches et de bâtons à deux bouts, ils remuèrent si bien les mains, que les ennemis se mirent à hurler affreusement, et à s'enfuir, l'un d'un côté et l'autre de l'autre, ne songeant plus qu'à se dérober à des ennemis si terribles.

Nos gens étaient fatigués de les assommer, et il ne faut pas en être surpris, puisque, dans les deux actions, ils en avaient tué ou blessé mortellement cent quatre-vingt tout au moins. Les autres, saisis d'une frayeur inexprimable, couraient par les collines et les vallées, avec toute la rapidité que la peur pouvait ajouter à leur vîtesse naturelle.

Comme nous ne nous mettions guère en peine de les poursuivre, ils gagnèrent tous le rivage sur lequel ils étaient débarqué. Mais ce n'était pas là encore la fin de leurs malheurs; il faisait cette nuit un vent terrible qui, venant du côté de la mer, les empêchait de quitter le rivage. La tempête dura pendant toute la nuit, et quand la marée monta, leurs canots furent poussés si avant sur le rivage qu'il aurait fallu une peine infinie pour les remettre à flot, et quelques-uns, en heurtant contre le sable, ou les uns contre les autres, avaient été mis en pièces.

Nos gens, quoique charmés de leur victoire, eurent peu de repos tout le reste de la nuit ; mais s'étant rafraîchis du mieux qu'il leur était possible, ils prirent le parti de marcher vers cette partie de l'île où les sauvages s'étaient retirés. Ce dessein les força de passer au travers du champ de bataille, où ils virent plusieurs de leurs malheureux ennemis encore en vie, mais hors d'espérance d'en revenir; spectacle bien désagréable pour des cœurs bien placés; car une âme véritablement grande, quoique forcée par les lois naturelles à détruire ses ennemis, est fort éloignée de se réjouir de leurs malheurs.

Il ne leur fut pas nécessaire de s'inquiéter à l'égard de ces pauvres sauvages, car leurs esclaves eurent soin d'en finir les misères à grands coups de haches.

Ils parvinrent enfin à un endroit où ils virent les restes de l'armée des sauvages, qui consistait encore dans une centaine d'hommes. Ils étaient assis à terre, le menton appuyé sur les genoux, et la tête soutenue par les deux mains.

Dès que nos gens furent éloignés d'eux de la distance de deux portées de mousquets, le gouverneur ordonna qu'on tirât deux mousquets sans balles, pour leur donner l'alarme, et pour voir leur contenance. Il avait envie de découvrir par-là, s'ils étaient d'humeur à se battre encore, ou s'ils étaient entièrement découragés par leur défaite. C'était selon ce qu'il découvrirait qu'il voulait prendre ses mesures.

Ce stratagème réussit ; car dès que les sauvages eurent entendu le premier coup et qu'ils virent le feu du second , ils se levèrent sur leurs pieds avec toute la frayeur imaginable, et ils s'enfuirent vers le bois, en faisant une sorte de hurlement que nos gens n'avaient pas entendu jusque-là, et dont ils ne purent deviner le sens. D'abord, nos gens auraient mieux aimé que le tems eût été tranquille, et que leurs ennemis eussent pu se rembarquer ; mais ils ne considéraient pas alors que leur retraite aurait pu être la cause d'une nouvelle expédition, et qu'ils seraient peut-être revenus avec des forces auxquelles il n'aurait pas été possible de résister, ou bien qu'ils auraient pu revenir si souvent, que la colonie, uniquement occupée à les repousser, aurait été obligée à périr de faim.

Guillaume Atkins qui, malgré sa blessure, n'avait pas voulu quitter la partie, donna le meilleur conseil de tous ; il était d'avis de se servir de la

frayeur des ennemis pour les couper d'avec leurs
barques, et pour les empêcher de regagner jamais
leur patrie.

Ils consultèrent long-tems là-dessus; quelques-
uns s'opposaient à cette opinion, craignant que
l'exécution de ce projet ne poussât les barbares
désespérés à se cacher dans les bois; ce qui
forcerait les nôtres à leur donner la chasse comme à
des bêtes féroces, les empêcherait de travailler, pour
ne s'occuper qu'à garder leur bétail et leurs plantations, et les ferait vivre dans des inquiétudes con-
tinuelles.

Atkins répondit: qu'il valait mieux avoir affaire
à cent hommes qu'à cent nations, et qu'il fallait absolument détruire et les canots et les ennemis, s'ils
voulaient n'être pas détruits eux-mêmes; en un mot,
il leur montra si bien l'utilité de son sentiment, qu'ils
y entrèrent tous. Ils mirent aussitôt la main à l'œuvre,
et ayant amassé du bois sec, ils essayèrent de mettre
quelques-uns des canots en feu; mais ils étaient trop
mouillés. Néanmoins, le feu en gâta tellement les
parties supérieures, qu'il n'était plus possible de
s'en servir.

Quand les Indiens eurent remarqué le dessein de
nos gens, quelques-uns d'entre eux sortirent du
bois, et s'approchant, ils se mirent à genoux, en
criant: *Oa, Oa, Waramoka*, et en prononçant
quelques autres paroles, dont les nôtres ne purent
rien entendre; mais comme ils étaient dans une
posture suppliante, les cris qu'ils poussaient étaient
destinés, sans doute, à prier que l'on épargnât
leurs canots, et de leur permettre de s'en retourner.

Mais nos gens étaient alors absolument persuadés que l'unique moyen de conserver la colonie, était d'empêcher qu'aucun des sauvages ne
retournât chez lui, persuadés que, s'il en échappait

un seul, pour aller raconter la triste aventure de ses camarades, c'était fait d'eux. Ainsi, faisant signe aux barbares qu'il n'y avait point de quartier pour eux, ils poussèrent leur pointe en détruisant toutes les barques que les tempêtes avaient épargnées. A la vue de ce spectacle, les sauvages qui étaient dans les bois firent des hurlemens épouvantables, que les nôtres entendirent distinctement ; et ensuite ils se mirent à courir dans l'île comme des hommes qui auraient perdu l'esprit; ce qui troubla beaucoup nos gens, indéterminés sur ce qu'ils devaient faire pour se délivrer de ces misérables.

Les Espagnols même, malgré toute leur prudence, ne considéraient pas, qu'en portant ces sauvages au désespoir, ils devaient placer des gardes auprès de leurs plantations. Il est vrai qu'ils avaient mis leurs troupeaux en sûreté, et qu'il était impossible aux Indiens de trouver la capitale de l'île, je veux dire mon vieux château, non plus que ma grotte dans la vallée; mais malheureusement ils déterrèrent la grande ferme, la mirent toute en pièces, ruinèrent l'enclos et la plantation qui était à l'entour, foulèrent le blé aux pieds, arrachèrent les vignes, et gâtèrent les raisins qui étaient déjà en maturité : en un mot, ils firent des dommages inestimables, quoiqu'ils n'en profitassent pas eux-mêmes.

Nos gens étaient, en vérité, en état de les combattre partout où ils les trouveraient; mais ils étaient fort embarrassés sur la manière de leur donner la chasse. Quand ils les trouvaient un à un, ils les poursuivaient en vain; ils trouvaient aisément leur sûreté dans la vîtesse extraordinaire de leurs pieds ; et d'un autre côté, nos gens n'osaient pas aller à un pour les surprendre, de peur d'être environnés et accablés par le nombre.

Ce qu'il y avait de meilleur, c'est que les sauvages n'avaient point d'armes ; leurs arcs leur étaient inutiles, faute de flèches et de matériaux pour en faire de nouvelles ; ils n'avaient aucune arme tranchante parmi toute leur troupe.

L'extrémité à laquelle ils étaient réduits était certainement déplorable ; mais la situation dans laquelle ils avaient mis la colonie n'étaient guère meilleure ; car quoique nos retraites fussent conservées, nos provisions étaient ruinées pour la plupart, notre moisson était détruite, et la seule ressource qui restait était le bétail qui était dans la vallée, près de la grotte, un petit champ de blé, qui était aussi de ce côté-là, et les plantations de Guillaume Atkins et de son camarade ; car l'autre avait perdu la vie dans la première action, par une flèche qui lui avait percé la tête sous la tempe. Il est à remarquer que c'était le même scélérat inhumain, qui avait donné cet affreux coup de hache au pauvre esclave, et qui avait projeté ensuite de faire main basse sur tous les Espagnols.

A mon avis, ces gens furent alors dans un cas plus triste que je n'avais été jamais, depuis le moment que j'avais trouvé le moyen de semer du millet et du riz, et que je commençais à réussir à apprivoiser des chèvres. Ils avaient dans les Indiens une centaine de loups dans l'île, qui dévoraient tout ce qu'ils pouvaient trouver, et qu'il était impossible d'atteindre.

La première chose dont ils purent convenir dans cet embarras, c'était de pousser les ennemis vers le sud-ouest, dans l'endroit le plus reculé de l'île, afin que si d'autres sauvages abordaient dans ces entrefaites, ils ne pussent pas découvrir ceux-ci. Ils résolurent encore de les harrasser continuellement, d'en tuer autant qu'ils pourraient pour en diminuer le nombre, et s'ils pouvaient réussir à la fin, de les apprivoiser, de leur enseigner à semer, et de les faire vivre de leur propre travail.

Conformément à ces résolutions, ils les poursuivirent avec tant de chaleur, et les effrayèrent tellement par leurs armes à feu, dont le seul bruit faisait tomber les Indiens à terre, qu'ils s'éloignaient de plus en plus ; leur nombre diminuait de jour en jour, et enfin ils furent réduits à se cacher dans les bois et dans les cavernes, où plusieurs périrent misérablement de faim, comme il parut dans la suite, par leurs cadavres qu'on trouva.

La misère de ces pauvres gens remplit les nôtres d'une généreuse compassion, surtout le gouverneur Espagnol, qui était l'homme du monde qui avait le cœur le mieux placé et le plus digne d'un homme de naissance. Il proposa aux autres de tâcher de prendre un des sauvages, pour lui faire entendre l'intention de la colonie, pour l'envoyer parmi les siens, afin de les faire venir à une capitulation qui assurât les sauvages de la vie, et la colonie du repos qu'ils avaient perdu depuis la dernière invasion.

Ils furent assez long-tems avant de pouvoir parvenir à leur but; mais enfin, la disette les ayant affaiblis, on en saisit un. Il était, au commencement, tellement accablé de son malheur, qu'il ne voulut ni manger, ni boire; mais voyant qu'on le traitait avec douceur, et qu'on avait l'humanité de lui donner ce qu'il fallait pour sa subsistance, sans lui faire le moindre chagrin, il revint de ses frayeurs, et se tranquillisa peu à peu.

On lui amena le père de *Vendredi*, qui entrait souvent en conversation avec lui, et qui l'assurait de l'intention qu'on avait, non-seulement de sauver la vie à lui et à tous ses compagnons, mais encore de leur donner une partie de l'île, à condition qu'ils se tiendraient dans leurs propres limites, sans en sortir jamais pour causer le moindre dommage à la colonie. Il lui promit aussi qu'on leur donnerait du grain pour ensemencer des terres, et qu'on leur fournirait du pain, en attendant qu'ils fussent en état d'en faire pour eux-mêmes. De plus, il lui ordonna d'aller parler à ses compatriotes, et de leur déclarer que, s'ils ne voulaient pas accepter des conditions si avantageuses, ils seraient tous détruits.

Les malheureux sauvages, extrêmement humiliés par leur misère, et réduits au nombre d'environ trente-sept, reçurent cette proposition sans balancer, et demandèrent qu'on leur donnât quelques alimens. Là-dessus douze Espagnols et deux Anglais bien armés, marchèrent vers l'endroit où les Indiens se trouvaient alors, avec trois esclaves et le père de *Vendredi*. Ces derniers leur portaient une bonne quantité de pain, quelques gâteaux de riz séché au soleil, et trois chevreaux en vie. On leur ordonna de se placer au pied d'une colline pour manger ensemble, ce qu'ils firent avec toutes les marques possibles de reconnaissance, et dans la suite ils se montrèrent les observateurs les plus religieux de leur parole, qu'il est possible de trouver parmi les hommes. Ils ne sortaient jamais de leur territoire que quand ils étaient obligés de venir demander des vivres et des conseils pour diriger leur plantation.

C'est encore dans ce même endroit qu'ils vivaient, quand je suis rentré dans l'île, et que je leur ai rendu une visite.

On leur avait enseigné à semer du blé, à faire du pain à traire des chèvres, etc.; et rien ne leur manquait, que des femmes, pour faire bientôt un peuple dans les formes. On leur avait assigné une partie de l'île, bordée de rochers par dorrière, et de la mer par devant. Elle était située du côté du sud-est, et ils avaient autant d' terres fertiles qu'il leur en fallait ; elles étaient étendues d'un mille et demi en largeur, et d'environ quatre en longueur.

Nos gens leur enseignèrent ensuite à faire des pelles de bois, comme j'en faisais autrefois pour moi-même, et firent présent à toute la troupe de douze haches et de trois couteaux : avec ces outils, ils facilitaient leur travail, et vivaient avec toute la tranquillité et avec toute l'innocence qu'on pouvait désirer.

Après la fin de cette guerre, la colonie jouit d'une tranquillité parfaite, par rapport aux sauvages, jusqu'à ce que je revins la voir deux années après. Les canots des sauvages ne laissaient pas d'y aborder de tems en tems, pour faire leurs repas inhumains ; mais comme ils étaient de différentes nations, et qu'ils n'avaient apparemment jamais entendu parler de ce qui était arrivé aux autres, ils ne firent aucune recherche dans l'île pour trouver nos sauvages : et quand ils l'auraient fait, c'aurait été un grand hasard s'ils les avaient trouvés.

C'est ainsi que j'ai donné un récit fidèle et complet de tout ce qui était arrivé de considérable à ma colonie, pendant mon absence. Elle avait extrêmement civilisé les Indiens, et leur rendait de fréquentes visites ; mais elle leur défendait, sous peine de la vie, de la venir voir à leur tour, de peur d'en être trahie.

Ce qu'il y a de remarquable encore, c'est que nos gens avaient enseigné aux sauvages à faire des paniers et d'autres ouvrages d'osier ; mais bientôt ils avaient su passer leurs maîtres. Ils savaient faire en ce genre les choses du monde les plus curieuses ; des tamis, des cages, des tables, des garde-mangers, des chaises, des lits, etc. , étant extrêmement ingénieux, dès qu'on leur avait une fois donné l'idée de quelque chose.

Mon arrivée fut d'un grand secours à ces pauvres gens, puisque je les pourvus abondamment de couteaux, de ciseaux, de pelles, de bêches, de pioches ; en un mot, de tous les outils dont ils pouvaient avoir besoin. Ils s'en servirent bientôt avec beaucoup d'adresse, et ils eurent assez d'industrie pour se faire des maisons entières d'un tissu d'osier ; ce qui, malgré son air comique, était d'une grande utilité contre la chaleur et contre toutes sortes d'insectes.

Cette invention plut tant à mes gens, qu'ils firent venir les sauvages pour faire la même chose pour eux; et quand je fus voir la colonie des deux Anglais, leurs huttes parurent de loin, à mes yeux, être de grandes ruches. Pour Guillaume Atkins, qui commençait à devenir sobre, industrieux, appliqué, il s'était fait une tente d'ouvrage de vanier, qui passait l'imagination. Elle avait cent vingt pas de circuit ; les murailles en étaient aussi serrées que le meilleur panier ; elles consistaient en trente-deux compartimens fort épais et de la hauteur de sept pieds. Il y avait au milieu une autre hutte qui n'avait pas au delà de vingt-deux pas de contour. Elle était beaucoup plus forte et plus épaisse que la tente extérieure ; la figure en était octogone, et chacun des huit coins était soutenu d'un bon poteau. Sur le haut de ces poteaux, il avait posé de grandes pièces de même ouvrage, jointes ensemble par des chevilles de bois ; ces pièces servaient de base à huit solives qui faisaient le dôme de tout le bâtiment, et qui étaient parfaitement bien unies, quoique au lieu de clous, il n'eut que quelques chevilles de fer qu'il avait trouvé moyen de faire de la vieille féraille que j'avais laissée dans l'île.

Certainement ce drôle faisait voir une grande
industrie dans plusieurs choses où il n'avait jamais
eu occasion de s'appliquer. Il se fit non-seulement une forge, avec deux soufflets de bois et de
fort bon charbon, mais encore une enclume
de médiocre grandeur, dont il avait trouvé la
matière dans un levier de fer; ce qui lui donna
le moyen de forger des crochets, des gâches de
serrures, des chevilles de fer, des verroux et des
gonds.

J'en reviens à son bâtiment. Après avoir dressé le
dôme de sa tente intérieure, il remplit les vides entre
les solives d'ouvrages de vanier aussi bien tissus qu'il
fut possible. Il le couvrit d'un second tissu de paille
de riz, et sur le tout il mit encore des feuilles d'un
certain arbre, fort larges; ce qui rendait tout le toit
aussi impénétrable à la pluie, que s'il avait été couvert de tuiles ou d'ardoises. Il fit tout cela lui-même,
hormis l'ouvrage de vanier, que les sauvages avaient
tissu pour lui.

La tente extérieure formait comme une espèce
de galerie couverte; et de ses trente-deux an-
gles de solives s'étendaient les poteaux qui sou-
tenaient le dôme, et qui étaient éloignés du
circuit, de l'espace de vingt pieds, de manière
qu'il y avait entre les murailles extérieures et
intérieures une promenade large de vingt pieds à
peu près.

Il partagea tout l'intérieur en six appartemens,
par le moyen de ce même ouvrage de vanier, mais
plus proprement tissu et plus fin que le reste. Dans
chacune de ces six chambres de plein-pied, il y
avait une porte par laquelle on entrait par la tente
du milieu, et une autre qui donnait dans la galerie
extérieure, qui était aussi partagée en six pièces
égales, non-seulement propres à servir de retraite, mais encore de décharge. Ces six espaces

Tome III. 11

n'emportaient pas toute la circonférence, et les autres appartemens qu'il y avait dans la tente extérieure étaient arrangés de la manière que voici : Dès qu'on était entré par la porte de dehors, on avait tout droit devant soi un petit passage qui menait à la porte de la maison intérieure ; à chaque côté du passage il y avait une muraille d'ouvrage de vanier, avec une porte par où l'on entrait dans une espèce de magasin large de vingt pieds et long de quarante, et de là dans un autre un peu moins long. De manière que dans la tente extérieure il y avait dix belles chambres, dans six desquelles on ne pouvait entrer que par les appartemens de la tente intérieure, dont elles étaient, pour ainsi dire, les cabinets. Les autres quatre, comme je viens de dire, étaient de grands magasins, deux d'un côté et deux de l'autre, du passage qui menait de la porte de dehors à celle de la maison intérieure.

Je crois qu'on n'a jamais entendu parler d'un pareil ouvrage de vanier, ni d'une hutte faite avec tant de propreté et d'arrangement. Cette grande ruche servait de demeure à trois familles : savoir, à celle d'Atkins, de son compagnon et de la femme du troisième Anglais qui avait perdu la vie dans la dernière guerre, et qui avait laissé sa veuve avec trois enfans sur les bras.

Les autres en usèrent parfaitement bien avec cette famille, et lui fournirent, avec une charité libérale, tout ce dont elle avait besoin ; du grain, du lait, des raisins secs, etc. S'ils tuaient un chevreau ou s'ils trouvaient une tortue, elle en avait toujours sa part; de manière que tous ensemble ils vivaient assez bien, quoique, comme j'ai déjà dit, il s'en fallût beaucoup qu'ils n'eussent la même application que les Anglais, qui faisaient une colonie à part.

Il y avait une particularité dans la conduite de tous les Anglais, que je ne dois pas passer sous silence. La religion était une chose absolument inconnue parmi eux. Il est vrai qu'ils se faisaient souvenir assez souvent les uns les autres qu'il y avait un Dieu, en jurant à la manière des gens de mer ; mais cette espèce d'hommage, qu'ils rendaient à la Divinité, était fort éloigné d'être un acte de dévotion. et leurs femmes, pour être mariées à des chrétiens, n'en étaient pas plus éclairées. Ils étaient fort ignorans dans la religion eux-mêmes, et par conséquent fort incapables d'en donner quelque idée à leurs femmes. Toutes les lumières qu'elles avaient acquises par le mariage, c'est que leurs maris leur avaient enseigné à parler l'anglais passablement, comme aussi à leurs enfans, qui étaient environ au nombre de vingt, et qui apprenaient à s'énoncer en anglais dès qu'ils étaient en état de former des sons articulés, quoiqu'ils s'en acquittassent d'abord d'une manière assez burlesque, aussi bien que leurs mères.

Parmi tous ces enfans, il n'y en avait pas un qui passât l'âge de six ans quand j'arrivai. A peine y en avait-il sept que les Anglais avaient menés ces dames sauvages dans l'île. Elles étaient toutes fécondes, l'une plus, l'autre moins ; celle qui était tombée en partage au second cuisinier du vaisseau, était grosse alors pour la sixième fois ; il n'y en avait pas une qui ne fût douce, modérée, laborieuse, modeste et prompte à secourir ses compagnes ; elles étaient surtout extrêmement soumises à leurs maîtres, que je ne puis appeler leurs maris que très-improprement. Il ne leur manquait plus rien que d'être instruites dans le christianisme, et mariées légitimement : elles y parvinrent bientôt par mes soins, ou du moins par une conséquence de mon arrivée dans l'île.

Ayant donné ainsi l'histoire générale de la colonie, et pareillement des cinq rebelles Anglais,
il me reste d'entrer en quelque détail touchant
les Espagnols, qui constituaient le corps le plus
puissant de mes sujets, et dont l'histoire est remarquable par des particularités dignes d'attention.

Ils m'informèrent dans plusieurs de nos conversations de la situation où ils s'étaient trouvés parmi
les sauvages. Ils me dirent naturellement qu'ils n'a-
vaient pas songé seulement à chercher dans l'industrie quelque secours contre la misère, et que, quand
même ils auraient été en état de se mettre à l'aise,
ils avaient été si fort accablés par le fardeau de leurs
infortunes, si abîmés dans le désespoir, qu'ils s'é-
taient abandonnés nonchalamment à la résolution
de se laisser mourir de faim.

Un homme fort grave et fort sensé d'entre eux
me dit qu'il sentait bien qu'ils avaient eu tort,
puisqu'un homme sage, au lieu de se laisser
entraîner à sa misère, doit tirer du secours de
tous les moyens que lui offre la raison pour
adoucir le malheur présent, et pour se préparer
une délivrance entière pour l'avenir. « La douleur,
» continua-t-il, est la passion du monde la plus
» insensée et la plus inutile; elle ne roule que
» sur des choses passées, qu'on ne peut rappeler,
» et qui, d'ordinaire, sont sans remède; elle ne
» se tourne presque jamais du côté de l'avenir; et
» bien loin de nous faire réfléchir sur les moyens
» de finir nos malheurs, elle y met le comble, au
» lieu de les rendre supportables. » Là-dessus il
m'allégua un proverbe Espagnol qu'il m'est impossible de citer mot à mot ; mais dont j'ai fait le proverbe que voici :

Etre troublé dans le trouble,
C'est rendre le trouble double.

Il porta ensuite ses réflexions sur toutes les commodités que je m'étais autrefois procurées dans ma solitude, et sur les soins infatigables par lesquels, d'un état plus triste que le leur n'avait jamais été, j'en avais su faire un plus heureux que n'était le leur, dans le tems même qu'ils se trouvaient tous ensemble dans l'île.

Il me dit encore qu'il avait remarqué avec étonnement, que les Anglais avaient plus de présence d'esprit dans l'infortune que tout autre peuple qu'il eût jamais rencontré; et que sa nation et la portugaise étaient les gens du monde les plus malheureux quand il s'agissait de lutter contre l'adversité, puisque après avoir fait inutilement leurs efforts ordinaires pour se tirer du malheur, leur premier pas était toujours le désespoir, sous lequel ils restaient affaissés sans avoir la force d'esprit de former le moindre dessein propre à mettre fin à leurs calamités.

Je lui répondis qu'il y avait une grande différence entre leur cas et le mien, puisqu'ils avaient été jetés à terre sans aucune chose nécessaire pour subsister. Qu'en effet mon malheur avait été accompagné de ce désavantage, que j'étais seul mais qu'en récompense les secours que la Providence m'avait mis entre les mains en poussant les débris du vaisseau si près du rivage, auraient été capables de ranimer le courage de l'homme du monde le plus faible. « Seigneur, répartit l'Espagnol, si nous avions été » dans votre situation, nous n'aurions jamais tiré » du vaisseau la moitié des choses utiles que » vous sûtes en tirer; nous n'aurions jamais eu » l'esprit de faire un radeau pour les porter à » terre, ou de le faire aborder à l'île sans voiles » et sans rames. Nous ne nous en serions pas avisés » tous ensemble, bien loin qu'un seul d'entre nous » eût été capable de l'entreprendre et de l'exécu-

» ter. » Je le conjurai là-dessus de mettre des bornes
à ses complimens, et de continuer le récit de
leur embarquement dans l'endroit où ils avaient
si mal passé leur tems. Il me dit que, malheureusement, ils étaient abordés dans une île où
il y avait du peuple sans provisions, et que,
s'ils avaient été assez sensés pour remettre en
mer, et aller vers une île peu éloignée de là,
ils auraient trouvé des provisions sans habitans.
Que les Espagnols de l'île de la Trinité, y ayant
été fréquemment, n'avaient rien négligé pour la
remplir de boucs et de cochons; que d'ailleurs
les tourterelles et les oiseaux de mer y étaient
dans une si grande abondance, que s'ils n'y avaient
pas trouvé du pain, du moins ils n'auraient jamais pu manquer de viande. Dans l'endroit où
ils avaient abordé, au contraire, ils n'avaient
eu que quelques herbes et quelques racines sans
goût et sans suc, dont la charité des sauvages
les avait pourvus, encore fort sobrement, parce
que ces bonnes gens n'étaient pas en état de
les nourrir mieux, à moins qu'ils n'eussent
voulu avoir part à leurs festins de chair humaine.

. Les Espagnols me firent encore le récit de tous
les moyens qu'ils avaient employés pour civiliser
les sauvages, leurs bienfaiteurs, et pour leur donner des sentimens et des coutumes plus raisonna-
bles que ceux qu'ils avaient hérités de leurs an-
cêtres; mais tous leurs soins avaient été inutiles. Les
sauvages avaient trouvé fort étrange que des gens
qui étaient venus là pour trouver de quoi vivre,
voulussent se donner les airs d'instruire ceux qui leur
donnaient de quoi subsister; selon eux, il ne fallait
se mêler de donner ses idées aux gens que quand on
pouvait se passer d'eux.

Les Espagnols avaient été exposés souvent à de

terribles extrémités, étant quelquefois absolument
sans vivres. L'île où le malheur les avait portés,
était habitée par des sauvages indolens, et par
conséquent plus pauvres et plus misérables que
d'autres peuples de cette même partie du monde.
En récompense, ceux-ci étaient moins barbares
et moins cruels que ceux qui étaient plus à leur
aise.

Mes Espagnols trouvaient pourtant dans la triste
situation où ils avaient été une démonstration évidente de la sagesse. de la bonté de la Providence
qui dirige les événemens ; car si, animés par la
misère et par la disette qui les accablaient, ils
avaient cherché un pays plus abondant, cette précaution même les aurait détournés de la route de se
délivrer par mon moyen.

Les sauvages, à ce qu'ils me racontèrent encore,
avaient voulu, pour prix de leur hospitalité, les
conduire avec eux à la guerre. Il est vrai qu'ils
avaient des armes à feu, et s'ils n'avaient pas
eu le malheur de perdre leurs munitions, non-
seulement ils auraient été en état de rendre des
services considérables à leurs hôtes, mais encore de se faire respecter par leurs amis et par
leurs ennemis. Mais n'ayant ni poudre ni plomb,
obligés pourtant de suivre leurs bienfaiteurs dans
les combats, ils y étaient plus exposés que les
sauvages eux-mêmes. Ils n'avaient ni arcs ni
flèches, et ils ne savaient pas faire usage de ces
sortes d'armes, que leurs amis auraient pu leur
fournir. Ainsi ils étaient forcés à rester dans
l'inaction, en butte aux dards des ennemis jusqu'à ce que les deux armées se serrassent de près.
Alors effectivement ils étaient d'un grand service.
Avec trois hallebardes qu'ils avaient, et avec
leurs mousquets, dans le canon desquels ils
mettaient des morceaux de bois pointus, au lieu

de baïonnettes, ils rompaient quelquefois des bataillons entiers. Il ne laissait pas d'arriver fort souvent qu'environnés par une grande multitude d'ennemis, ils ne se sauvaient d'une grêle de flèches que par une espèce de miracle. Mais enfin ils avaient su se garantir de ce danger, en se couvrant tout le corps de larges boucliers de bois, couverts de peaux de certains animaux sauvages, dont ils ne savaient pas le nom. Un jour cependant le malheur avait voulu que cinq d'entre eux avaient été jetés à terre par les massues des sauvages, ce qui avait donné occasion à l'ennemi d'en faire un prisonnier; c'était précisément l'Espagnol que j'avais eu la satisfaction d'arracher à la cruauté de ses vainqueurs. Ses compagnons l'avaient cru mort dans le commencement; mais en apprenant qu'il avait été pris, ils auraient hasardé volontiers leur vie tous tant qu'ils étaient pour le délivrer.

Dans le tems que ces Espagnols avaient été terrassés, les autres les avaient renfermés au milieu d'eux, sans les abandonner, jusqu'à ce qu'ils fussent revenus à eux-mêmes. Alors faisant tous ensemble un petit bataillon, ils s'étaient fait jour au travers de plus de mille sauvages, renversant tout ce qui s'opposait à eux, et procurant à leurs amis une victoire entière, mais peu satisfaisante pour eux-mêmes par la perte de leur compagnon.

On peut juger par là quelle avait été leur joie en revoyant leur ami qu'ils avaient cru dévoré par les sauvages, la plus mauvaise espèce d'animaux féroces. Cette joie était parvenue au plus haut degré, par la nouvelle qu'il y avait près de là un chrétien assez humain pour former le dessein de finir leur malheur, et capable de l'exécuter.

Ils me firent encore la description la plus pathétique de la surprise que leur avait donnée le secours que je leur avais envoyé, le pain, sur toute
chose, qu'ils n'avaient pas vu depuis tant d'années.
Ils l'avaient béni mille et mille fois comme un ali-
ment descendu du ciel, et en le goûtant, ils y avaient
trouvé le plus restaurant de tous les cordiaux. Plusieurs autres choses que je leur avais envoyées pour
leur subsistance, leur avaient causé à peu près le
même ravissement.

Mes Espagnols, en me faisant ce récit, trouvaient
des termes pour exprimer leurs sentimens, mais ils
n'en avaient point pour donner une idée de la joie
qu'avait excitée dans leur âme la vue d'une barque
et de pilotes tout prêts à les tirer de cette île
malheureuse, et à leur faire voir le lieu et la personne desquels ce secours leur était venu. Ils me
dirent seulement que les extravagances où les avait
portés une délivrance si peu attendue, n'avaient été
guère éloignées d'une véritable frénésie; que leur
passion, qui étouffait presque toutes les facultés de
leur âme, s'était frayé plusieurs routes différentes,
pour éclater dans l'un d'une telle manière, dans
l'autre d'une manière tout opposée; que les uns s'é-
taient évanouis, que les autres avaient pleuré, et
que quelques-uns étaient devenus pour un tems absolument fous.

Ce portrait me toucha beaucoup, et me rappela
les transports de *Vendredi* en rencontrant son
père; ceux des Français qui s'étaient sauvés à bord
de leur navire embrasé; ceux de cet équipage que
mon secours avait empêché de mourir de faim, et
surtout de la manière dont j'avais été saisi moi-
même en quittant le désert dans lequel j'avais vécu
pendant vingt-huit ans. C'est ainsi que d'ordinaire
nous nous intéressons dans les sentimens d'autrui à

proportion que nous y reconnaissons nos propres
sentimens.

Ayant donné ainsi une idée de l'état où je
trouvai ma colonie, il est tems que j'entre dans
le détail que je fis pour elle, et de la situation
où je la laissai en sortant de l'île. Ces gens
étaient du sentiment, aussi bien que moi, qu'ils
ne seraient plus importunés par les visites des
sauvages, et que s'ils revenaient, ils étaient en
état de les repousser, quand ils seraient deux
fois plus nombreux qu'auparavant. Ainsi, il n'y
avait rien à craindre de ce côté-là. Un point plus
important que je traitai avec l'Espagnol, que j'appelle
gouverneur, c'était leur demeure dans l'île.
Mon intention n'était pas d'en emmener un seul avec
moi : aussi n'était-il pas juste de faire cette grâce à
quelques-uns, et de laisser là les autres, qui auraient
été au désespoir d'y rester, si je diminuais leur
nombre.

Je leur dis donc à tous que j'étais venu pour
les établir dans l'île, et non pour les en faire
sortir ; que dans ce dessein j'avais fait des dépenses considérables, afin de les pourvoir de tout
ce qui était nécessaire pour leur subsistance et
pour leur sûreté ; que de plus je leur amenais des
personnes, non-seulement propres à augmenter
avantageusement leur nombre, mais encore à leur
rendre de grands services, étant artisans, et capables
de faire pour la colonie mille choses nécessaires, qui
lui avaient manqué jusqu'ici.

Avant que de leur livrer tout ce que j'avais
apporté pour eux, je leur demandai à chacun,
l'un après l'autre, s'ils avaient absolument banni
de leur cœur leurs anciennes animosités, et s'ils
voulaient se toucher dans la main les uns aux
autres pour se promettre une amitié étroite, et un

attachement sincère pour l'intérêt commun de toute
la société.

Guillaume Atkins répondit d'une manière gaie
et cordiale, qu'ils avaient eu assez de malheurs pour
devenir modérés, et assez de discordes pour devenir
amis ; que pour sa part, il promettait de vivre et de
mourir avec les autres ; que bien loin de nourrir
quelque haine contre les Espagnols, il avouait
qu'il avait mérité de reste tout ce qu'ils avaient
fait à son égard, et que s'il avait été à leur
place, et eux dans la sienne, ils n'en auraient
pas été quittes à si bon marché ; qu'il était prêt
à leur demander pardon, s'ils le voulaient, de
ses folies et de ses brutalités ; qu'il souhaitait
leur amitié de tout son cœur, et qu'il ne négligerait
aucune occasion de les en convaincre ; qu'au reste
il était content de ne pas revoir encore sa patrie
de vingt ans.

Pour les Espagnols, ils dirent qu'en effet ils
avaient, dans le commencement, désarmé et exilé
Atkins et ses compagnons, à cause de leur mauvaise conduite, et qu'ils s'en rapportaient à moi
s'ils l'avaient fait sans raison ; mais qu'Atkins avait
marqué tant de bravoure dans la grande bataille
contre les sauvages, et qu'ensuite il avait donné
tant de marques de l'intérêt qu'il prenait dans
toute la société, qu'ils avaient oublié tout le
passé, et qu'ils le croyaient aussi digne d'être fourni
d'armes et de tout ce qui lui était nécessaire que
tout autre ; qu'ils avaient déjà fait voir jusqu'à quel
point ils étaient satisfaits de lui, en lui confiant le
commandement sous leur gouverneur ; qu'ils avaient
parfaitement, lui et ses compagnons, mérité
leur confiance par tout ce qui peut porter les
hommes à se fier les uns aux autres ; enfin, qu'ils
embrassaient avec plaisir l'occasion de m'assurer

qu'ils n'avraient jamais d'autre intérêt que celui de toute la colonie.

Sur ces déclarations, qui paraissaient pleines de franchise et d'amitié, je les priai tous à dîner pour le lendemain ; et véritablement je leur donnai un repas magnifique. Pour le faire préparer, je fis venir à terre le cuisinier du vaisseau et son compagnon, et je leur donnai pour aide le second cuisinier qui était dans l'île. On apporta du vaisseau six pièces de bœuf et quatre de porc, une grande jatte de porcelaine pour y faire du punch, avec les ingrédiens nécessaires ; dix bouteilles de vin rouge de Bordeaux, et dix bouteilles de bierre d'Angleterre. Tout cela fut d'autant plus agréable à mes convives, qu'ils n'avaient tâté rien de pareil depuis bien des années.

Les Espagnols ajoutèrent à nos mets cinq chevreaux entiers, que les cuisiniers firent rôtir et dont on en envoya trois bien couverts dans le vaisseau, afin que l'équipage se régalât de viande fraîche, dans le tems que mes insulaires feraient bonne chère des provisions salées du vaisseau.

Après avoir goûté avec eux tous les plaisirs innocens de la table, je fis porter à terre toute la cargaison que j'avais destinée à mes gens ; et pour empêcher qu'il n'y eût des disputes sur le partage, j'ordonnai que chacun prît une portion égale de tout ce qui devait servir à les vêtir pour lors. Je commençai par leur distribuer autant de toile qu'il leur en fallait pour avoir quatre chemises, et j'augmentai ensuite le nombre jusqu'à six, à l'instante prière des Espagnols. Rien au monde n'était capable de leur faire plus de plaisir : il y avait si long-tems qu'ils n'en avaient porté, que l'idée même leur en était presque sortie de la mémoire.

Après avoir goûté avec eux tous les
plaisirs inocens de la table, je......

Je destinai les étoffes minces d'Angleterre,
dont j'ai parlé ci-dessus, à leur en faire faire
à chacun un habit en forme de fourreau, croyant cet
habillement libre et peu serré, le plus propre pour
la chaleur du climat. J'ordonnai en même tems qu'on
leur en fît de nouveaux dès que ceux-ci seraient usés.
Je donnai à peu près les mêmes ordres pour ce qui
regardait les escarpins, les souliers, les bas et les
chapeaux.

Il m'est impossible d'exprimer la joie et la satisfaction qui éclataient dans l'air de tous ces
pauvres gens, en voyant le soin que j'avais pris
de leur fournir tant de choses utiles et commo-
des. Ils me dirent que j'étais leur véritable père,
et que, tandis que dans un endroit si éloigné
de leur patrie, ils auraient un correspondant
comme moi, ils oublieraient qu'ils étaient dans un
désert. Là-dessus ils déclarèrent tous qu'ils s'enga-
geaient à ne jamais abandonner l'île sans mon consentement.

Je leur présentai ensuite les gens que j'avais
amenés avec moi, surtout le tailleur, le serrurier, les deux charpentiers, et mon artisan universel, qui leur était d'une plus grande utilité
qu'aucune chose au monde. Le tailleur, pour leur
marquer le zèle qu'il avait pour eux, se mit d'abord
à travailler, et avec ma permission, il commença par
leur faire à chacun une chemise. En même tems il
enseigna aux femmes la manière de manier l'aiguille,
de coudre et de piquer, et les employa même sous
lui, à faire les chemises de leurs maris et de tous les
autres.

Pour les charpentiers, il n'est pas nécessaire
de dire de quelle utilité ils furent à ma colonie. Ils
mirent d'abord en pièces tous mes meubles grossiers, et firent en leur place, en moins de rien, des

tables fort propres, des chaises, des châlits, des buffets, etc.

Pour leur faire voir de quelle manière la nature avait produit mes artisans, je menai mes charpentiers voir la maison d'Atkins. Ils m'avouèrent tous deux qu'ils n'avaient jamais vu un pareil exemple de l'industrie humaine ; l'un des deux même, après avoir rêvé pendant quelques momens, se tournant de mon côté : « En vérité, dit-il, cet homme n'a pas be- » soin de nous ; il ne lui manque rien que des ou- » tils. »

Ce mot me fit souvenir de produire ceux que j'avais apportés ; je distribuai à chaque homme une bêche, une pelle et un rateau, afin de suppléer par-là à la charrue et à la herse. Je donnai encore à chaque petite colonie à part, une pioche, un levier, une grande hache et une scie, en leur permettant d'en prendre de nouveaux du magasin général, dès qu'ils seraient usés ou rompus.

J'avais mené avec moi à terre le jeune homme dont la mère était morte de faim, et la servante aussi. C'était une jeune fille douce, bien élevée, et pieuse ; et sa conduite charmait tout le monde. Elle avait vécu sans beaucoup d'agrément dans le vaisseau, où il n'y avait point d'autre femme qu'elle ; mais elle s'était soumise à son sort avec beaucoup de résignation. Quand elle vit l'ordre qui régnait dans mon île, et l'air florissant qui y éclatait partout, considérant qu'elle n'avait aucune affaire dans les Indes orientales, elle me pria de la laisser dans l'île, et de l'agréger comme un membre de ma famille. Le jeune homme me fit la même prière, et j'y consentis avec plaisir. Je leur donnai un petit terrain, où on leur fit trois tentes, entourées d'ouvrages de vaniers, construites à la manière de la maison d'Atkins.

Ces tentes étaient liées ensemble d'une telle ma-

nière, que chacun avait son appartement, et que
celle du milieu pouvait servir de magasin et de salle
à manger pour l'usage de l'un et de l'autre. Les
deux Anglais trouvèrent à propos de changer de demeure, et d'approcher davantage de ces nouveaux
venus. C'est ainsi que l'île resta toujours partagée en
trois colonies.

Les Espagnols, avec le père de *Vendredi*, et les
premiers esclaves, étaient toujours dans mon vieux
château sous la colline, lequel devait passer pour la
capitale de mon empire, à fort juste titre. Ils l'a-
vaient tellement étendu, qu'ils y pouvaient vivre
fort au large quoique entièrement cachés ; et je suis
sûr qu'il n'y eut jamais au monde une petite ville
dans un bois si parfaitement à l'abri de toute insulte. Mille hommes auraient parcouru toute l'île,
pendant un mois entier, sans la trouver, à moins
que d'être avertis qu'elle y était réellement.
Les arbres qui l'entouraient étaient si serrés, et
leurs branches étaient tellement entrelacées les unes
dans les autres, qu'il aurait fallu les abattre pour
voir le château : d'ailleurs, il était presque impossible
de découvrir les deux petits chemins par lesquels les
habitans eux-mêmes entraient et sortaient. L'un était
tout au haut de la petite haie, à plus de deux cents
verges derrière l'habitation ; l'autre, encore plus
caché, menait par-dessus la colline, par le moyen
d'une échelle, comme je l'ai déjà dit plus d'une fois.
Ils avaient planté, encore au-dessus de la colline,
un bois fort épais, d'un acre d'étendue, où il n'y
avait pas la moindre ouverture, excepté une fort petite entre deux arbres, par laquelle on entrait de ce
côté là.

La seconde colonie était celle de Guillaume
Atkins, de son compagnon, et de la famille de
leur camarade défunt, du jeune homme et de la
servante. Dans celle-là demeuraient encore les

deux charpentiers, et le serrurier, qui était d'autant plus utile à tous les habitans, qu'il était encore bon armurier, et capable par conséquent de tenir toujours en bon état les armes à feu. Ils avaient avec eux mon artisan universel, qui valait vingt autres ouvriers lui seul. Ce n'était pas seulement un garçon fort industrieux, mais encore fort gai et divertissant; en sorte qu'on trouvait chez lui l'agréable et l'utile. Avant que de sortir de mon royaume, j'eus la satisfaction de le marier avec la servante, qui était une fille de mérite. Enfin, la troisième colonie était celle des deux Anglais, honnêtes ge s.

A propos de mariage, je ne dois pas négliger de rapporter ici les conversations que j'eus dans l'île, avec mon religieux français, sur les mariages des Angl is.

Il est certain que c'était un catholique romain, et il est à craindre que je ne choque les protestans en parlant avantageusement de son caractère et de sa piété. Non-seulement c'était un papiste, mais un prêtre, et un prêtre français. Ces qualités pourtant ne doivent pas m'empêcher de lui rendre justice. C'était un homme sobre, grave, et, du côté de la morale, véritablement chrétien. Sa charité était exemplaire, et toute sa conduite propre à servir de modèle aux gens de bien. Personne ne doit trouver à redire, je crois, aux éloges que je lui donne, malgré sa profession et ses principes, sur lesquels ils se trompait à mon avis, et peut-être encore au sentiment de plusieurs de mes lecteurs.

La première conversation que j'eus avec lui, après qu'il eut consenti à me suivre dans les Indes, me plut extraordinairement. La religion en était le sujet, et il m'en parla avec toute la modération et la politesse imaginables.

« Monsieur, me dit-il, en faisant le signe de la
» croix, vous ne m'avez pas seulement sauvé la
» vie par la bénédiction du ciel, mais vous m'a-
» vez permis encore de faire ce voyage avec vous.
» Vous avez été assez obligeant pour me consi-
» dérer comme votre ami, et pour me permettre
» de vous parler avec franchise. Vous voyez par
» mon habit de quelle religion je suis, et je puis
» deviner la vôtre par votre patrie. Mon devoir est
» sans doute de faire en toute occasion, tous les
» efforts possibles pour porter les hommes dans
» le sein de l'église catholique, et de leur donner la
» connaissance de la religion que je crois la seule
» véritable. Mais comme je me considère ici comme
» un de vos domestiques, vos bienfaits, les règles
» de la civilité et de la justice même, me forcent à
» ne rien faire sans votre permission. Ainsi,
» monsieur, je ne prendrai jamais la liberté d'en-
» trer en dispute sur quelque point de religion,
» touchant lequel nous n'avons pas les mêmes sen-
» timens, à moins que vous ne le trouviez à
» propos. »

Je lui répondis que je trouvais dans sa conduite
autant de prudence que de modération ; qu'il était
vrai que j'étais de ceux qu'on traite d'hérétiques
dans son église, mais qu'il n'était pas le premier
catholique romain avec lequel j'avais lié conversation, sans m'emporter à ces transports de zèle,
qui ne peuvent que rendre ces sortes d'entretiens
grossiers et inutiles ; qu'il pouvait être persuadé que
ces sentimens n'altéreraient jamais rien dans l'estime que ses bonnes qualités m'avaient données
pour lui, et que, s'il arrivait que nos conversations
sur ces sortes de matières produisissent quelque
mécontentement, j'aurais soin que ce ne fût pas
ma faute.

Il me répartit que, selon lui, il était aisé de ban-

nir la dispute de toutes nos conversations; que ce
n'était pas son affaire de vouloir convertir ceux
avec qui il parlait, et qu'il me priait de le considérer, dans nos entretiens, plutôt comme un honnête homme que comme un religieux; que si je voulais lui permettre quelquefois de parler avec moi
sur des matières de religion, il le ferait très-
volontiers, et qu'alors il était persuadé que je souf-
frirais avec plaisir qu'il défendît ses opinions le
mieux qu'il lui serait possible; mais que, sans mon
consentement, il ne tournerait jamais la conversation
de ce côté là.

Il me dit encore qu'il était résolu de ne rien
négliger, et en qualité de prêtre, et en qualité
de simple chrétien, de tout ce en quoi il pourrait
contribuer à l'utilité de l'équipage et à l'intérêt général du vaisseau, et que s'il ne pouvait pas prier
peut-être avec nous, ni nous avec lui, il aurait du
moins la consolation de prier pour nous dans toutes
sortes d'occasions.

C'était là le tour de nos entretiens ordinaires; et
je trouvais dans ce religieux, non-seulement un
homme bien élevé, mais encore un cœur bien placé;
et, si j'ose le dire, du bon sens, et une grande éru-
dition.

Il me fit un récit très-divertissant de sa vie,
et des événemens extraordinaires dont elle avait
été comme *tissue*. Parmi les aventures nombreuses
qu'il avait eues pendant les deux années qu'il avait
employées à voyager, la plus remarquable, à mon
avis, était sa dernière course, dans laquelle il avait
été forcé cinq fois de changer de vaisseau, sans que
jamais aucun des cinq fût parvenu à l'endroit
pour lequel il avait été destiné.

Son premier dessein avait été d'aller à Saint-
Malo, dans un vaisseau prêt à faire ce voyage; mais
forcé par les mauvais tems d'entrer dans le Tage,

le navire avait donné contre un banc, et l'on avait
été obligé d'en ôter toute la cargaison. Dans cet
embarras, il avait trouvé un vaisseau prêt à faire
voile pour les îles Madères. Il s'y était embarqué;
mais le maître n'étant pas un fort excellent ma-
rinier, et s'étant trompé dans son estime, avait laissé
dériver son navire jusqu'à Fial, où, par un heureux
hasard, il avait trouvé une bonne occasion de se
défaire de sa marchandise, qui consistait en
grains. Ce bonheur l'avait fait résoudre à ne
point aller aux Madères, mais à charger du sel
d ns l'île de Mai, et à s'en aller de là vers Terre-
Neuve.

Dans cette conjoncture, mon religieux n'avait pu
que suivre la destinée du vaisseau, et le voyage
avait été heureux jusqu'aux bancs où l'on prend le
poisson. Rencontrant là un vaisseau français, destiné pour Québec, dans la rivière du Canada, et
de là pour la Martinique, pour y apporter des
vivres, il avait cru trouver l'occasion d'exécuter
son premier dessein. Mais après être arrivé à Québec, le maître du vaisseau était mort, et le vaisseau
n'était pas allé plus loin. Se voyant traversé de
cette manière, il s'était mis dans le vaisseau destiné
pour la France, qui avait été consumé en pleine
mer, et nous l'avions reçu à bord d'un vaisseau destiné pour les Indes orientales. C'est
ainsi qu'il avait échoué tout de suite en cinq
voyages qui étaient, pour ainsi dire, les parties
d'une seule course, sans parler de ce qui lui arriva
dans la suite.

Pour ne pas faire de trop longues digressions
sur les aventures d'autrui, qui n'ont point de
relation avec les miennes, je reviens à ce qui
se passa dans mon île, par le moyen de mon
religieux. Comme il était logé avec nous pendant
tout le tems que je fus dans l'île, il me vint voir

un matin que j'avais résolu d'aller visiter la colonie des Anglais, qui était dans l'endroit le plus
éloigné de l'île. Il me dit, avec beaucoup de gravité. que, depuis quelques jours, il avait attendu
avec impatience l'occasion de m'entretenir, es-
pérant que ce qu'il avait à me dire ne me dé-
plairait pas, parce qu'il tendait à mon dessein
général, la prospérité de ma colonie, et pour
y attirer les bénédictions du ciel, dont jusqu'ici elle ne jouissait pas autant qu'il l'aurait
souhaité.

Surpris de la fin de son discours, je lui répondis d'une manière assez précipitée : « Comment
» pouvez-vous avancer, monsieur, que nous ne
» jouissons pas des bénédictions du ciel, nous
» à qui il a accordé des secours si merveilleux
» et une délivrance si peu attendue, comme vous
» avez pu voir par le récit que je vous en ai
» fait ? »

« S'il vous avait plu, me répliqua-t-il d'une
» manière aussi prompte que modeste, d'attendre
» la fin de mon discours, vous n'auriez point eu
» lieu de vous fâcher contre moi, et de me croire
» assez dépourvu de sens pour douter de l'as-
» sistance miraculeuse dont Dieu vous a favorisé.
» J'espère, par rapport à vous, que vous êtes
» en état de jouir des faveurs du ciel. parce que
» effectivement votre dessein est extrêmement bon ;
» mais quand il serait encore meilleur, il peut
» y en avoir parmi vos gens dont les actions
» n'ont pas la même pureté. Vous savez que dans
» l'histoire des enfans d'Israël, un seul, Achan,
» éloigna la bénédiction de Dieu de tout le peuple,
» et l'irrita tellement, que trente-six Israélites,
» quoiqu'ils n'eussent point de part dans le crime,
» furent. l'objet de sa colère et de sa ven-
» geance. »

Son discours me toucha fort, et je lui dis que son raisonnement était juste, et que son dessein me paraissait si sincère et si plein de piété, que, mortifié de l'avoir interrompu, je ne pouvais que le prier de vouloir bien continuer. Persuadé que ce qu'il avait à me dire demandait quelque tems, je l'avertis de mon intention d'aller voir les plantations des Anglais, et je lui proposai de m'y accompagner et de m'expliquer ses vues en chemin faisant. Il me répondit qu'il y consentait avec d'autant plus de plaisir, que ce qu'il avait à me dire regardait ces mêmes Anglais. Là-dessus nous nous mîmes en chemin, et je le conjurai de me parler avec toute la franchise possible.

« Avant que d'en venir à mon sujet, me dit-il, » vous me permettrez bien, monsieur, de poser » ici quelques principes, comme la base de tout » mon discours. Quoique nous différions dans » quelques sentimens particuliers, tout ce que » j'ai à vous dire serait sans fruit si nous ne nous » accordions point dans les principes généraux. » Je sais bien que, malheureusement, nous n'ad- » mettons pas tous les mêmes dogmes, dans le » cas même dont il s'agit ; mais il est certain » que nous ne pouvons que tomber d'accord de » certaines vérités primitives. Nous croyons l'un » et l'autre qu'il y a un Dieu, et que ce Dieu » nous ayant donné des règles pour y confor- » mer notre culte et notre conduite, nous ne de- » vons pas nous hasarder, de propos délibéré, » à l'offenser en négligeant ce qu'il nous com- » mande ou en faisant ce qu'il nous défend. » D'ailleurs, quels que soient les points parti- » culiers de nos religions, nous admettons tous » comme une vérité incontestable, que d'ordi- » naire la bénédiction du ciel ne suit point la

» transgression volontaire et audacieuse de ses
» lois. Tout bon chrétien, par conséquent, est
» obligé de faire tous ses efforts pour tirer de
» leur léthargie criminelle tous ceux qui vivent
» sans se mettre en peine de connaître Dieu et
» ses lois. Vos Anglais sont protestans ; mais
» quoique je sois catholique, leurs opinions dif-
» férentes des miennes ne me déchargent pas du soin
» que je dois avoir de leurs âmes, et je suis obligé
» en conscience de ne rien épargner pour les faire
» vivre aussi éloignés qu'il est possible d'une ini-
» mitié ouverte avec leur Créateur, surtout si vous
» me permettez de me mêler d'une affaire qui vous
» regarde directement.

Il me fut impossible jusque là de deviner son but ;
je ne laissai pas pourtant de lui accorder ses principes, de le remercier de l'intérêt qu'il voulait bien
prendre à ce qui nous regardait, et de le prier d'entrer dans un plus grand détail, afin que je pusse,
comme un autre Josué, éloigner de nous la chose
maudite.

« Eh bien ! monsieur, dit-il, je prendrai donc la
» liberté que vous voulez bien me donner. Il y
» a ici trois choses, ce me semble, qui doivent
» mettre une barrière entre vos efforts et les bé-
» nédictions du ciel, et que je voudrais voir
» éloignées pour l'amour de vous et de vos su-
» jets. Je suis sûr, monsieur, que vous serez de
» mon sentiment dès que je les aurai nommées,
» surtout quand je vous aurai convaincu qu'il
» est aisé de venir à bout de tous ces obstacles,
» à votre grande satisfaction. Premièrement, mon-
» sieur, continua-t-il, vous avez ici quatre An-
» glais qui se sont cherché des femmes parmi
» les sauvages, et qui en ont eu plusieurs en-
» fans, sans s'être mariés selon les lois de Dieu
» et des hommes : par conséquent ils doivent être

» considérés comme vivans jusqu'ici dans l'im-
» pureté. Vous me répondrez, monsieur, que dans
» cette occasion il n'y avait aucun ecclésiastique
» pour présider à la cérémonie requise pour un
» mariage légitime, et qu'il n'y avait pas même
» de l'encre, du papier et des plumes pour dres-
» ser un contrat de mariage et pour le signer;
» je suis instruit même de ce que le gouverneur
» Espagnol vous a raconté des conditions sous
» lesquelles il a permis que cette liaison se fît.
» Mais la précaution qu'il a prise de les faire choi-
» sir et de les obliger à s'en tenir chacun à une
» seule et même femme, n'établit point un ma-
» riage légitime, puisque le consentement des
» femmes n'y est point entré, et que les hommes se
» sont accordés seulement pour éviter les inimitiés
» et les querelles.

» D'ailleurs, l'essence du mariage, poursuivit-il,
» ne consiste pas seulement dans le consentement
» mutuel de l'homme et de la femme, mais en-
» core dans une obligation formelle et légale,
» qui force l'une et l'autre des parties contrac-
» tantes à se reconnaître toujours dans la qualité
» d'époux et d'épouse. Elle engage l'homme à s'abs-
» tenir de toute autre femme, tandis que le premier
» contrat subsiste, et de pourvoir la sienne, aussi
» bien que ses enfans, de tout ce qui est néces-
» saire, autant que ses facultés peuvent le per-
» mettre. Ce contrat oblige la femme à remplir,
» de son côté, les mêmes ou de semblables condi-
» tions.

» Pour les hommes en question, rien ne les
» empêche de se servir de la première occasion
» pour abandonner leurs femmes et leurs enfans,
» pour les laisser dans la misère, et pour en
» épouser d'autres. Peut-on dire, monsieur, con-
» tinua-t-il avec une grande chaleur, que la gloire

» de Dieu ne souffre pas d'une liberté si peu
» légitime? Croyez-vous que tant que cette li-
» cence subsiste, la bénédiction du ciel accom-
» pagnera vos efforts, quelques bons qu'ils pus-
» sent être en eux-mêmes, et dans votre intention?
» N'est-il pas toujours certain que ces gens, qui
» sont vos sujets, et entièrement soumis à votre
» volonté, vivent, par votre permission, dans
» une désobéissance ouverte aux lois civiles et
» religieuses ? »

J'avoue que je fus frappé de la chose dès que
les argumens de mon religieux m'eurent ouvert
les yeux sur son énormité; je compris d'abord
qu'il aurait été aisé de la prévenir, malgré l'absence de toute personne ecclésiastique. Il ne s'a-
gissait que de faire de vive voix un contrat,
devant des témoins, de le confirmer par quelque
signe, dont on aurait pu convenir unanimement,
et d'engager et les hommes et les femmes à ne s'a-
bandonner jamais, et à veiller conjointement sur
leurs enfans communs; et aux yeux de Dieu, c'aurait
été sans doute un mariage légitime; par conséquent
il y avait eu une négligence impardonnable à ne pas
songer à un expédient si facile.

Je crus fermer la bouche à mon prêtre, en lui
disant que tout cela s'était passé pendant mon
absence, et que ces gens avaient déjà vécu si long-
tems ensemble, que si leur liaison mutuelle ne méritait que le nom de fornication, la chose était sans
remède.

« Je vous demande pardon de ma franchise,
» me répliqua-t-il; je vois bien que vous avez raison
» de soutenir que vous ne sauriez être coupable de
» tout ce qui s'est fait ici pendant votre absence;
» mais ne vous flattez pas, je vous prie, de ne
» point être dans une obligation absolue de ré-
» former tout ce qu'il y a d'indécent et d'illégi-

» time. Que le passé soit imputé à qui il vous
» plaira ; tout ce qu'il y aura de défectueux pour le
» futur sera à votre charge, parce que vous êtes le
» maître vous seul de mettre fin à tout ce qu'il y a
» de criminel dans cette affaire. »

J'avoue, à ma honte, que je fus assez stupide pour
ne pas encore comprendre mon religieux, et pour
m'imaginer que son dessein était de m'obliger à les
séparer ; et je lui répondis que si je prenais de pareilles mesures, ce serait le vrai moyen de boule+ver-
ser toute la colonie.

« Non, non, monsieur, me répartit-il, étonné
» de ma méprise ; mon dessein n'est pas que
» vous sépariez ces couples, mais que vous les
» fassiez épouser légitimement ; et puisqu'il serait
» difficile de leur faire goûter ma manière de les
» marier, quoique valable selon les lois de votre
» patrie, je vous crois qualifié devant Dieu et de-
» vant les hommes pour vous en acquitter vous-
» même par un contrat écrit, signé par les hommes
» et par les femmes, devant tous les témoins qui
» peuvent se trouver dans l'île. Je ne doute pas qu'un
» pareil mariage ne passât pour légitime chez tous
» les peuples de l'Europe. ? »

J'étais surpris de trouver dans son discours tant
de véritable piété, un zèle si sincère et une impar-
tialité si généreuse pour les intérêts de son église,
enfin une si grande ardeur pour le salut de ces
personnes qu'il ne connaissait pas seulement, bien
loin d'avoir la moindre relation avec elles. Je puis
dire que je n'ai jamais vu une charité plus grande
et plus délicate. Prêtant surtout attention à ce qu'il
avait dit touchant l'expédient de les marier moi-
même, dont je connaissais toute la validité, que je
le remerciais de sa charité généreuse. et que je
ferais la proposition de cette affaire à mes Anglais : mais que je ne voyais pas qu'ils dussent

trouver le moindre scrupule à se faire marier par lui-même, sachant que la chose serait aussi valable en Angleterre, que s'ils étaient mariés par un prêtre anglican. On verra dans la suite comment se passa toute cette affaire.

Je le pressai ensuite de m'expliquer son second grief, en le remerciant de mon mieux sur les lumières qu'il m'avait données sur le premier article.

Il me dit qu'il le ferait avec la même candeur, persuadé que je ne le trouverais pas mauvais.

Cette seconde censure avait pour objet la négligence inexprimable des Anglais, qui, ayant vécu avec leurs femmes l'espace de sept années, leur ayant enseigné à parler et à lire l'anglais, et leur voyant de la pénétration et du jugement, n'avaient pas songé à leur toucher un mot de la religion chrétienne, de l'existence d'un seul Dieu, et de la manière de le servir, bien loin de les en instruire à fond, et de les désabuser de la grossière absurdité de leur idolâtrie.

Il traita cette négligence de crime atroce, dont non-seulement ils auraient à rendre compte devant Dieu, mais que, peut-être, par une juste punition, ils ne trouveraient plus occasion de réparer; Dieu leur pouvant arracher ces femmes, dont, pour ainsi dire, il leur avait commis le salut.

« Je suis persuadé, continua-t-il avec beaucoup
» de ferveur, que s'ils avaient été obligés de vivre
» parmi les sauvages d'entre lesquels ils ont tiré
» leurs femmes, ces idolâtres auraient pris plus de
» peines pour les engager dans le culte du diable,
» qu'ils n'en ont pris pour donner à leurs prisonniè-
» res la connaissance de Dieu. Quoique nous ne soyons
» pas de la même religion, monsieur, poursuivit-il,

» cependant, en qualité de chrétiens, nous devons
» être ravis de voir les esclaves du démon instruits
» des principes généraux du christianisme de les
» voir admettre un Dieu, un rédempteur, une ré-
» surrection et une vie à venir; dogmes auxquels
» nous souscrivons tous. Ils seraient du moins alors
» plus près de la véritable église qu'à présent, qu'ils
» font une profession ouverte de l'idolâtrie et du
» culte du diable. »

Ne pouvant plus résister à la tendresse que la
vertu de cet homme éclairé m'inspirait pour lui, je
le serrai dans mes bras avec passion. « Combien
» n'ai-je pas été éloigné, lui dis-je, de bien con-
» naître ce qu'il y a de plus essentiel dans les ver-
» tus chrétiennes, qui consiste à aimer l'église de
» Jésus-Christ et le salut du prochain ! En vérité,
» j'ai ignoré jusqu'ici le caractère d'un vrai chré-
» tien. — Ne parlez pas ainsi, mon cher monsieur,
» me répondit-il, vous n'êtes point coupable de
» toutes ces négligences. — Il est vrai, répliquai-je,
» mais je n'ai pas ces sortes de choses à cœur comme
» vous. — Il est tems encore de remédier à tous ces
» inconvéniens, répartit-il; ne soyez pas si prompt
» à vous condamner vous-même. — Mais, que fe-
» rai-je, lui dis-je, vous savez que mon départ ne
» saurait être différé. — Eh bien, me répondit-il,
» voulez-vous me permettre de parler à ces pauvres
» gens ? — De tout mon cœur, lui dis-je, et je ne
» négligerai rien pour appuyer de mon autorité tout
» ce que vous leur direz. — Par rapport à cela,
» répliqua-t-il, nous devons les abandonner à la
» grâce de Jésus-Christ. Notre devoir se borne à
» les instruire, à les exhorter, à les encourager; si
» vous voulez bien me laisser faire, et si le ciel
» daigne bénir mes faibles efforts, je ne désespère
» pas de porter ces âmes ignorantes dans le sein du
» christianisme, et de leur faire embrasser les ar-

» ticles fondamentaux dont nous convenons tous ;
» j'espère même d'y réussir pendant que vous serez
» dans l'île. »

Je le priai alors de passer au troisième article sur
lequel il s'était offert de m'éclaircir. « Cet article est
» de la même nature, me dit-il. Il s'agit de vos pau-
» vres sauvages ; qui sont devenus vos sujets, pour
» ainsi dire, par le droit de la guerre. C'est une
» maxime qui devrait être reçue de tous les Chrétiens,
» de quelque sorte qu'ils puissent être, que la con-
» naissance de notre sainte religion doit être éten-
» due par tous les moyens possibles, et dans toutes
» les occasions imaginables.

» C'est sur ce principe que notre église envoie
» des missionnaires dans la Perse, les Indes, la
» Chine, et que nos prélats même s'engagent à des
» voyages dangereux, et à demeurer parmi des bar-
» bares et des meurtriers pour leur donner la con-
» naissance de Dieu, et pour les porter dans le sein
» de l'Eglise chrétienne. Vous avez ici toute prête
» l'occasion d'une pareille charité ; vous pouvez dé-
» tourner de l'idolâtrie trente-six ou trente-sept
» pauvres sauvages, et les conduire à la connaissance
» de Dieu, leur créateur et leur rédempteur. Pour-
» riez-vous négliger un pareil moyen d'exercer votre
» piété, et de faire une bonne œuvre qui vaut la
» peine qu'un chrétien y emploie tout le tems de sa
» vie ? »

Ces paroles me rendaient muet d'étonnement, et
j'étais charmé de voir devant mes yeux un véritable
modèle du zèle chrétien, quels que pussent être les
sentimens particuliers de cet homme de bien. J'avoue
que jamais pareille pensée ne m'était venue dans
l'esprit, et sans lui j'aurais été peut-être incapable
toute ma vie d'en avoir de semblables. Je regardais
ces sauvages comme de vils esclaves, dont nous
aurions pu nous servir en cette qualité, si nous

avions eu de quoi les employer, et dont, faute de cela, nous ne devions songer qu'à nous défaire, en les transportant ailleurs, quand ils n'auraient jamais revu leur patrie.

La confusion de mes pensées dura long-tems sans que je fusse en état de répondre un mot à son discours; il remarqua mon désordre, et me regardant d'un air sérieux : « Je serais au désespoir, me dit-il,
» d'avoir employé la moindre expression qui pût
» vous offenser. — Effectivement, lui répondis-je,
» je suis en colère, mais c'est contre moi-même. Je
» suis confus de n'avoir jamais formé quelque idée
» là-dessus, et de ne savoir pas à quoi pourra
» servir la notion que vous m'en donnez à pré-
» sent.

» Vous savez, continuais-je, dans quelles cir-
» constances je me trouve. Le vaisseau dans lequel
» je suis est destiné pour les Indes; il est équipé
» par des marchands particuliers, et ce serait une
» injustice criante de l'arrêter plus long-tems ici,
» sachant que les provisions que consume l'équipage
» et les gages qu'il tire jettent les marchands dans
» des dépenses inutiles. Il est vrai que j'ai accordé
» de pouvoir demeurer douze jours ici, et si j'y
» demeure plus long-tems, de payer trois livres
» sterling par jour. Il ne m'est pas permis même
» d'allonger de cette manière-là mon séjour dans
» l'île, que de huit jours. Il m'est impossible,
» par conséquent, d'entreprendre un dessein si
» louable, à moins que de souffrir qu'on me laisse
» de nouveau dans l'île, et de m'exposer, si le vais-
» seau réussit mal dans le voyage, à rester ici
» toute ma vie à peu près dans le même état dont la
» Providence m'a tiré d'une manière si miracu-
» leuse. »

Il m'avoua qu'il m'en coûterait beaucoup si je voulais exécuter cette entreprise; mais il s'en rappor-

13.

tait à ma conscience, si le salut d'un grand nombre
d'âmes ne valait pas la peine que j'y hasardasse
tout ce que j'avais dans le monde. N'ayant pas le
cœur aussi touché de cette vérité que lui : « Je con-
» viens, monsieur, lui dis-je, que c'est quelque
» chose de très-glorieux d'être un instrument dans
» la main de Dieu pour convertir trente-sept païens
» à la connaissance de Jésus-Christ : mais vous êtes
» un ecclésiastique, votre vocation particulière
» vous porte naturellement de ce côté là, et je
» m'étonne qu'au lieu de m'y exhorter, vous
» ne songiez pas vous-même à l'entreprendre. »

A ce discours il s'arrêta tout court, se plaça
devant moi, et me faisant une profonde révérence :
« Je rends grâces à Dieu et à vous, monsieur,
» me dit-il, de me donner pour une œuvre si
» excellente, une vocation si manifeste. Si vous
» croyez être dispensé d'y mettre la main par
» la situation où vous vous trouvez, et si vous
» voulez bien vous en fier à moi, je m'y met-
» trai avec la plus grande satisfaction, et je me
» croirai dédommagé de tous les malheurs de mon
» triste voyage, en me voyant employé dans un
» dessein si glorieux. »

Pendant qu'il disait ces choses, je découvrais dans
l'air de son visage une espèce d'extase ; ses yeux
brillaient d'un feu nouveau ; ses joues étaient rouges,
et cette couleur allait et venait, comme on le voit
arriver à un homme agité par différentes passions.
Je me tus pendant quelque tems, faute de trouver
des termes propres à exprimer mes sentimens ; j'é-
tais extraordinairement surpris de voir dans un
homme tant de zèle et tant de candeur, et un zèle
qui s'élevait si fort au-dessus de la sphère du zèle
ordinaire des gens de sa profession, et même de tous
les autres chrétiens.

Après avoir rêvé quelque tems, je lui demandai

s'il parlait tout de bon, et s'il était réellement résolu
de s'enfermer dans ce désert pour le rest de sa vie,
peut-être uniquement pour entreprendre la conversion de ces gens, et s'il était capable de s'y hasarder,
sans aucune espérance certaine de réussir dans cette
entreprise.

« Qu'appelez-vous se hasarder, me répliqua-t-il
» vivement! Dites moi, je vous prie, dans quelle
» vue croyez-vous que j'aie pris la résolution
» de vous suivre dans les Indes? — Je n'en sais
» rien, lui dis-je, à moins que ce ne soit pour
» aller prêcher l'évangile aux Indiens. — Vous
» devinez juste, me répondit-il, et si je puis
» convertir ces trente-sept hommes à la foi de
» Jésus-Christ, pensez-vous que je n'aurais pas
« bien employé mon tems, quand je devrais
» être enterré ici? Le salut de tant d'âmes ne
» vaut pas seulement toute ma vie, mais encore
» celle de vingt autres de ma profession. Oui,
» oui, monsieur, je bénirais toujours Jésus-Christ
» et la Sainte-Vierge si je pouvais être le moindre
» instrument du salut de tant d'ames, quand je ne
» devrais jamais revoir ma patrie. Mais puisque
» vous voulez me faire l'honneur de m'employer dans
» ce saint ouvrage, ce qui me portera à prier pour
» vous tous les jours de ma vie, j'espère que vous
» ne me refuserez pas une seule grâce que je vous
» demanderai: c'est de me laisser *Vendredi*, afin
» de me seconder et de me servir d'interprète; car
» vous savez que, sans un pareil secours, il m'est
» impossible d'entrer en conversation avec ces pau-
» vres gens. »

Je fus fort troublé à cette demande, ne pouvant pas me résoudre à me séparer de ce fidèle
domestique, pour plusieurs raisons. Il avait été
mon compagnon dans tous mes voyages. Non-
seulement il était plein de franchise, mais il

m'aimait avec toute la tendresse possible, et
j'avais résolu de faire quelque chose de considérable pour sa fortune, s'il me survivait, ce qui
était fort apparent. D'ailleurs, comme je lui avais
fait embrasser la religion protestante, il aurait
couru risque de ne savoir plus à quoi s'en tenir, si
l'on avait tâché de lui donner d'autres idées, bien
persuadé que, quelque chose qu'on pût lui dire, il
ne se mettrait jamais dans l'esprit que son bon maître était un hérétique et devait être damné. De nouvelles instructions auraient pu être le vrai moyen de
le faire renoncer à ses principes, et de le rejeter
dans l'idolâtrie.

Une pensée qui me vint tout d'un coup me
tranquillisa; je déclarai à mon religieux que je
ne pouvais pas dire avec sincérité que j'étais prêt
à me défaire de *Vendredi,* par quelque motif que
ce pût être, quoique naturellement je ne dusse pas
me faire une affaire de sacrifier un domestique
à cette charité à laquelle il sacrifiait sa vie même;
que ce qui m'en détournait le plus était la per-
suasion que *Vendredi* ne consentirait jamais à me
quitter, et que je ne pouvais pas l'y forcer sans une
injustice criante, puisqu'il y aurait une dureté affreuse à éloigner de moi un homme qui avait bien
voulu s'engager solennellement à ne m'abandonner
jamais.

Cette réponse l'embarrassa fort; il lui était impossible de communiquer ses pensées à ces pauvres
sauvages, pour qui son langage était aussi barbare que le leur l'était pour lui. Pour remédier à cet
inconvénient, je lui dis que le père de *Vendredi*
avait appris l'espagnol, qu'il entendait aussi lui-
même, et que par conséquent ce vieillard pouvait
lui servir d'interprète.

Il fut fort satisfait de cette ouverture, et
rien n'était désormais capable de le détourner

de ce dessein; mais la Providence donna un autre tour à cette affaire, et la fit réussir par un autre moyen.

Quand nous fûmes venus à l'habitation des Anglais, je les fis tous assembler; et après leur avoir mis devant les yeux tout ce que j'avais fait pour leur rendre la vie agréable, dont ils témoignèrent une grande reconnaissance, je commençai à leur parler de la vie scandaleuse qu'ils menaient; je leur dis qu'un ecclésiastique de mes amis y avait déjà fait réflexion, et qu'il traitait leur conduite de criminelle et d'impie. Je leur demandai ensuite si, en contractant ces infames liaisons, ils étaient déjà mariés ou non? Ils me répondirent que deux d'entre eux étaient veufs, et que les deux autres étaient encore garçons. Je continuai à leur demander s'ils avaient pu en conscience avoir un commerce avec ces femmes, les appeler leurs épouses, et procréer des enfans d'elles sans être mariés légitimement?

Ils me répondirent, comme je m'y étais bien attendu, qu'il n'y avait eu personne pour les marier, mais qu'ils s'étaient engagés devant le gouverneur à les prendre en qualité d'épouses légitimes, et que, selon eux, dans les circonstances où ils se trouvaient alors, ce mariage était aussi légitime que s'il avait été contracté devant un prêtre et avec toutes les formalités requises.

Je leur répliquai que, sans doute, ils étaient mariés réellement par rapport à Dieu, et qu'ils étaient obligés en conscience de regarder leurs prisonnières comme leurs légitimes épouses; mais que n'étant pas mariés selon les lois humaines, ils pouvaient, s'ils voulaient, se moquer d'un pareil mariage, et abandonner leurs femmes et leurs enfans; ce qui mettrait leurs malheureuses familles dans un état déplorable, destituées de biens et d'amis ; que, pour cette raison, je ne pouvais rien faire pour eux, à moins d'être convaincu de la bonté de leurs intentions ; que je serais obligé de tourner toute ma charité du côté de leurs enfans. Je leur dis encore que s'ils ne m'assuraient pas qu'ils étaient prêts à épouser ces femmes, je ne pouvais pas les laisser ensemble dans une liaison criminelle et scandaleuse, qui devait indubitablement éloigner d'eux la bénédiction de Dieu.

Atkins, prenant alors la parole pour tous les autres, me répondit qu'ils avaient autant d'amour pour leurs femmes que si elles étaient nées dans leur patrie, et que rien ne les porterait jamais à les abandonner ; que pour lui en particulier, si on lui offrait de le ramener en Angleterre, et de lui donner le commandement du plus beau vaisseau de guerre de l'armée navale, il le refuserait, à moins qu'on ne lui permît de prendre sa femme avec lui ; et que s'il y avait un ecclésiastique dans le vaisseau, il se marierait dans le moment de tout son cœur.

C'était là justement où je l'attendais. Le prêtre n'était pas avec moi alors, mais il n'était pas loin. Je répondis à Atkins qu'effectivement j'avais un homme d'église avec moi, et que je voulais les faire marier le lendemain, et qu'il n'avait qu'à délibérer là-dessus avec ses camarades. « Pour » moi, je n'ai que faire de délibération ; je suis » prêt, si le ministre est prêt de son côté, et » je suis sûr que tous mes compagnons sont de » mon sentiment. » Je lui dis que mon ami, le ministre, était français, et qu'il ne savait pas un mot de la langue anglaise ; mais que je m'offrais à servir d'interprète. Il ne songea pas seulement à me demander s'il était papiste ou protestant ; ce que j'avais extrêmement craint. Là-dessus nous nons séparâmes, je fus rejoindre mon prêtre, et Atkins alla délibérer sur cette affaire avec ses camarades.

Je communiquai au religieux la réponse que mes gens m'avaient donnée, et je le priai de ne leur en parler que quand l'affaire serait en état d'être conclue.

Avant que je pusse encore m'éloigner de leur plantation, ils vinrent me trouver tous en corps, et me dirent qu'ils avaient mûrement considéré ma proposition; qu'ils étaient ravis que j'eusse un homme d'église avec moi, et qu'ils étaient prêts, dès que je le trouverais bon, à me donner la satisfaction de se marier formellement; car ils étaient fort éloignés d'avoir la moindre envie de quitter leurs femmes, et ils n'avaient eu que des intentions droites en les choisissant. Là-dessus, je leur ordonnai de me venir trouver tous le lendemain, et d'instruire leurs femmes, en attendant, de la nature d'un mariage légitime, qui devait les assurer de leurs maris, et leur ôter la crainte d'en être abandonnées, quelque chose qui pût arriver.

Il ne fut pas difficile de faire comprendre cette affaire aux femmes, et de la leur faire goûter. Ils ne manquèrent pas de venir le lendemain à mon appartement; et je trouvai à propos alors de produire mon homme d'église. Il n'avait ni l'habit d'un ministre anglican, ni celui d'un prêtre français. Il était habillé d'une soutane noire, liée d'une espèce d'écharpe, ce qui lui donnait assez l'air d'un ministre habillé à la légère.

D'ailleurs, ils n'en doutèrent point, dès qu'ils virent sa gravité, et le scrupule qu'il se faisait de marier ces femmes avant qu'elles fussent baptisées, et qu'elles eussent embrassé la

religion chrétienne. Cette délicatesse de conscience leur donna un respect extraordinaire pour
lui.

Pour moi, je commençai à craindre qu'il ne
poussât ses scrupules assez loin pour ne les pas
marier du tout; j'avais beau vouloir l'en détourner, il me résista avec fermeté, quoique avec
modestie, et enfin il refusa absolument d'aller plus
loin, avant d'avoir pressé là-dessus les hommes et
les femmes. J'avais peine d'abord à y consentir;
mais enfin j'en tombai d'accord, parce que je voyais
la sincérité de son intention.

Il leur dit d'abord que je l'avais instruit de
leur situation et de leur dessein, qu'il désirait
fort de l'accomplir, et de les marier comme ils
le souhaitaient; mais qu'avant que de le faire,
il devait absolument avoir une sérieuse conversation avec eux. « Selon les lois formelles de la
» société, leur dit-il, vous avez vécu jusqu'ici
» dans un commerce illicite, et il n'y a qu'un
» mariage légitime, ou une séparation qui puisse
» mettre fin à votre conduite criminelle. Mais il
» y a encore une autre difficulté qui regarde les
» lois du christianisme; et il ne m'est pas per-
» mis de marier des chrétiens à des sauvages,
» à des idolâtres, à des païennes, qui n'ont point
» reçu le baptême : je ne vois pas que vous ayez
» le tems de persuader vos femmes de se faire bap-
» tiser, et d'embrasser le christianisme, dont elles
» n'ont jamais peut-être entendu parler, ce qui rend
» leur baptême impossible.

» Je crois, continua-t-il, que vous êtes d'assez
» mauvais chrétiens vous-mêmes, que vous avez
» peu de connaissance de Dieu et de ses voies:
» par conséquent je crains fort que vous n'ayez
» pas dit grand'chose là-dessus à vos pauvres fem-
» mes. Il m'est impossible, cela étant, de vous

» marier, si vous ne me promettez que vous fe-
» rez tous vos efforts pour persuader vos femmes
» d'embrasser notre sainte religion et de les
» instruire selon votre pouvoir ; car il est ab-
» solument contraire aux principes de l'Evangile,
» de lier des chrétiens à des sauvages ; et je serais
» au désespoir de me charger d'une pareille af-
» faire. »

« Bon Dieu ! dit Guillaume Atkins, comment
» enseignerions-nous la religion à nos femmes ?
» nous n'y entendons rien nous-mêmes. D'ailleurs,
« si nous leur allions parler de Dieu, de Jésus-
» Christ, du ciel et de l'enfer, nous les ferions
» rire seulement, et elles nous demanderaient si
» nous croyons tout cela nous-mêmes ? Si nous
» leur répondions que nous sommes persuadés
» que le ciel est pour les gens de bien, et que
» l'enfer doit être le partage des méchans, elles
» nous demanderaient quel serait notre sort,
« nous qui croyons toutes ces choses et qui sommes
» de si grands vauriens. Eh ! monsieur, en voilà
» plus qu'il n'en faut pour les dégoûter de notre
» religion, aussitôt qu'elles en entendront parler.
» Il faut avoir de la religion, si l'on veut ins-
» truire là-dessus les autres. — Atkins, lui ré-
» pondis-je, je crains bien que tout ce que vous
» venez de dire ne soit que trop vrai ; mais cela
» n'empêche pas que vous ne puissiez donner
» quelques idées de religion à votre femme, vous
» pouvez lui dire qu'il y a un Dieu et une re-
» ligion meilleure que la sienne ; qu'il y a un
» *Être souverain* qui a fait tout, qui peut dé-
» truire tout ; qu'il récompense les bons, qu'il
» punit les méchans, et qu'il nous jugera tous
» selon notre conduite. Quelque ignorant que vous
» soyez, la nature elle-même doit vous avoir ensei-

» gné toutes ces vérités, et je suis sûr que vous en
» êtes pleinement convaincu. »

« Vous avez raison, dit Atkins ; mais de quel
» front dirai-je tout cela à ma femme ? Elle me dira
» d'abord qu'il n'y a pas un mot de vérité dans tout
» cela. »

« Pas un mot de vérité ! lui répliquai-je brus-
» quement ; que prétendez-vous dire par-là ?
» — Oui, monsieur, répliqua-t-il, elle me dira
» que tout cela ne saurait être, et qu'il est im-
» possible que Dieu soit juste dans ses récom-
» penses et dans ses punitions, puisque je ne
» suis pas puni et livré au diable depuis long-tems,
» moi qui ai donné tant de marques de méchanceté
» à ma femme même, et à toutes les personnes avec
» qui j'ai eu quelque commerce. Elle ne compren-
» dra jamais comment Dieu peut me laisser vivre
» encore, après avoir toujours agi d'une manière
» directement opposée à ce que je dois lui repré-
» senter, comme la vertu et comme la règle de mes
» actions. »

« Certainement, Atkins, lui dis-je, je crains
» bien que vous n'ayez raison. » Et en me tournant alors du côté de mon ecclésiastique, fort
impatient de savoir le résultat de notre entretien, je lui communiquai les réponses de Guillaume.

« Écoutez donc, monsieur, me dit-il ; dites
» à Atkins que je sais un moyen sûr de le rendre
» un excellent prédicateur pour sa femme ; c'est
» de se convertir lui-même ; car il faut être vé-
» ritablement repentant pour prêcher avec fruit
» la repentance. S'il peut regarder ses péchés
» passés avec une véritable contrition, il sera
» mieux qualifié pour convertir sa femme, que
» qui ce puisse être. Il sera propre alors à lui

» persuader que Dieu est un juste juge, par
» rapport au bien et au mal; mais que c'est un
» être miséricordieux, dont la bonté et la pa-
» tience infinie diffère la punition du coupable,
» pour lui donner le tems d'avoir recours à sa
» grace; qu'il ne veut pas la mort du pécheur,
» mais qu'il se repente, qu'il vive; qu'il souffre
» même que les scélérats les plus abominables
» prospèrent long-tems dans leurs mauvais des-
» seins, et qu'il en réserve le châtiment jusqu'à
» la vie à venir; que c'est une preuve évidente
» d'une vie future; que souvent les gens ver-
» tueux ne reçoivent leur récompense, ni les
» méchans leur punition, que dans l'autre monde.
» Cette réflexion lui donnera une occasion natu-
» relle d'enseigner à sa femme le dogme de la
» résurrection et du dernier jugement. Encore un
» coup, qu'il se repente lui-même, et je lui suis
» garant de la conversion de sa femme. »

J'expliquai tout ce discours à Atkins, qui l'é-
coutait d'un air fort sérieux, et qui en parut
extrêmement touché, ne pouvant souffrir qu'avec
peine que j'allasse jusqu'à la fin. « Je sais tout
» cela, monsieur, me dit-il, et je sais plus en-
» core; mais je n'ai pas l'effronterie de parler
» là-dessus à ma femme, sachant que Dieu, ma
» conscience, et ma femme même, témoigneront
» que j'ai vécu jusque ici comme si je n'avais
» jamais entendu parler de Dieu, d'une vie fu-
» ture, ou de quelque autre matière semblable.
» Pour ce que vous dites touchant ma conver-
» sion, hélas!..... » Là-dessus il poussa de pro-
fonds soupirs, et je voyais ses yeux se remplir de
larmes.

« Ah! monsieur, reprit-il, c'est une affaire
» faite, il n'en faut plus parler. — Une affaire
» faite, Atkins, lui dis-je! qu'entendez-vous

» par là? — Je sais bien ce que j'entends par là,
» me répondit-il ; je veux dire qu'il n'en est
» plus tems, et cela n'est que trop vrai. »

Je traduisis au prêtre mot à mot ce que Atkins
venait de dire, et ce religieux zélé, qui, malgré
les opinions particulières de son église, avait
tant de soin du salut d'autrui, qu'il serait ab-
surde de croire qu'il fût indifférent sur le sien
propre, ne put s'empêcher de verser quelques
larmes. Mais s'étant remis, il me pria de demander à Atkins s'il était bien aise que le tems
de sa conversion fût passé, ou bien s'il en était
touché, et s'il souhaitait sincèrement de se trom-
per là-dessus. « Quelle demande, dit Atkins avec
» beaucoup de passion ! Comment est-il possible
» qu'un homme soit content de se trouver dans un
» état qui ne peut finir que par des peines éternelles?
» Je suis si éloigné d'en voir de la joie, que
» je crains bien que le désespoir ne me porte
» un jour à me couper la gorge pour mettre fin
» à la crainte qui me donne de si mortelles inquié-
» tudes. »

Le religieux, à qui je rapportai les tristes paroles du pauvre Atkins, demeura pensif pendant
quelques momens ; mais revenant bientôt de sa
méditation : « S'il se trouve véritablement dans
» cette situation, me dit-il, assurez-le qu'il a
» encore le tems de se convertir, et que Jésus-
» Christ répandra la repentance dans son âme.
» Dites-lui, en même tems, que personne n'est
» sauvé que par le mérite et par la mort de Jésus-
» Christ, qui lui donne accès au trône de la grâce,
» et que par conséquent il n'est jamais trop tard
» pour ceux qui y recourent sincèrement. Pense-t-il
» qu'un pécheur soit jamais capable de se mettre,
» par ses crimes, hors de la portée de la mi-
» séricorde divine ? Dites-lui encore, je vous prie,

» que quand il serait vrai que la grâce de Dieu,
» lassée, pour ainsi dire, de s'offrir si souvent
» en vain, se retirât quelquefois entièrement d'un
» pécheur obstiné, il n'est jamais tard pourtant
» pour l'implorer, et que les ministres de l'Evan-
» gile ont un ordre général de prêcher la grâce
» au nom de Jésus-Christ, à tous ceux qui se
» repentent sincèrement. »

Atkins m'ayant écouté avec attention, et d'une
manière très-sérieuse, ne répondit rien ; mais il
me dit qu'il allait parler à sa femme, et il se
retira dans le moment même. J'adressai cependant les mêmes discours aux autres, et je remarquai qu'ils étaient tous ignorans jusqu'à la
stupidité dans les matières de la religion, comme
je l'étais lorsque je quittai mon père pour aller
courir le monde. Cependant ils m'écoutèrent
tous d'un air très-attentif, et ils me promirent
fortement de parler à leurs femmes, et de ne
négliger rien pour leur faire embrasser le christianisme.

Quand je rapportai leur réponse au prêtre, il
me regarda en souriant, et en secouant la tête :
« Nous qui sommes les serviteurs de Jésus-Christ,
» dit-il, nous ne pouvons qu'instruire et exhorter ;
» et quand les gens reçoivent mes instructions
» et permettent de les suivre, nous avons fait
» tout ce que nous sommes capables de faire,
» et nous sommes obligés de nous contenter de
» leurs promesses. Mais croyez-moi, monsieur,
» continua-t-il, quels que puissent être les crimes
» passés de cet Atkins, je pense que c'est le
» seul de la troupe qui se repent sincèrement.
» Je ne désespère pas des autres ; mais je crois
» cet homme-là véritablement touché des égare-
» mens de sa vie passée. Je suis sûr que quand
» il parlera de religion à sa femme, il commen-

14

» cera par se convertir lui-même ; car on n'ap-
» prend jamais mieux que quand on s'efforce
» d'enseigner aux autres ; et j'ai connu un homme
» d'une très-mauvaise conduite, et qui n'avait
» qu'une notion très-superficielle de la religion,
» qui devint un parfaitement bon chrétien, en
» s'attachant à la conversion d'un juif. Si ce
» pauvre Atkins commence une fois à parler à
» sa femme de Jésus-Christ, je parierais ma vie
» qu'il sera sensiblement touché de ses propres
» discours, et se repentira réellement ; ce qui pour-
» rait avoir de bien bonnes suites. »

Cependant, sur la promesse que les autres Anglais lui firent de travailler à la conversion de
leurs femmes, il les maria, en attendant que
Atkins vint avec la sienne. Il était fort curieux
de savoir où ce dernier s'en était allé ; et se tournant vers moi : « Je vous conjure, me dit-il,
» sortons de votre labyrinthe pour nous prome-
» ner, je suis persuadé que nous trouverons quelque
» part ce pauvre Atkins en conversation avec sa
» femme, et occupé à lui enseigner quelques dogmes
» de la religion. » Je le voulus bien, et je le
menai par un chemin qui n'était connu qu'à moi,
où les arbres étaient tellement épais, qu'il était
difficile de voir de dehors ce qui se passait où
nous étions. Quand nous fûmes venus au coin
du bois, nous vîmes Atkins et sa femme assis
à l'ombre, et engagés dans la conversation la plus
sérieuse. J'en avertis mon religieux, et nous les
considérâmes pendant quelque tems avec attention, pour juger de leurs discours par leurs attitudes.

Nous vimes qu'il lui montrait du doigt suc-
cessivement le soleil, tous les côtés du ciel, la
terre, la mer, les bois, lui-même et sa femme.
« Vous le voyez, me dit le prêtre, il lui fait

Vous le voyez, me dit le prêtre,
il lui fait un Sermon ; il.....

» un sermon; il lui dit, selon toutes les appa-
» rences, que notre Dieu a fait le ciel, la terre,
» la mer, etc. »

Immédiatement après, nous le vîmes se lever,
se jetter à genoux, et tendre ses deux mains vers
le ciel; nous supposâmes qu'il parlait tout haut;
mais nous étions trop loin pour en rien entendre.
Après avoir resté dans cette posture une demi-minute, il se remit auprès de sa femme et recommença
à l'entretenir. Nous la vîmes fort attentive, sans savoir si elle parlait à son tour ou non. Pendant que
son mari avait été à genoux, j'avais vu de grosses
larmes couler sur les joues du prêtre, et moi-même
j'avais eu toutes les peines du monde à m'empêcher
de pleurer. Ce qui nous chagrina beaucoup, c'était
l'impossibilité d'entendre quelques expressions de
sa prière.

Néanmoins nous ne voulûmes pas approcher davantage, de peur de l'interrompre, et nous nous
contentâmes de certains gestes, qui nous faisaient
assez comprendre le sens de la conversation. S'étant
assis de nouveau auprès d'elle, comme j'ai déjà
dit, il continua à lui parler d'une manière très-
pathétique; il l'embrassait de tems en tems avec
passion. D'autres fois nous le voyions tirer son
mouchoir, essuyer les yeux de sa femme, et la
baiser de nouveau avec un transport extraordinaire.
Nous le vîmes ensuite se lever tout d'un coup, lui
donner la main pour se lever aussi; et l'ayant menée
à quelques pas de là, se mettre à genoux avec
elle, et y demeurer pendant quelques minutes.

A ce spectacle, mon ami ne fut plus le maître
de son zèle. Il s'écria à haute voix: « O saint
» Paul, saint Paul, les voilà qu'ils prient Dieu
» ensemble! » J'eus peur que Atkins ne l'enten-
dît, et je le conjurai de se modérer pendant quelques momens, afin que nous pussions voir la fin

d'une scène si touchante. Jamais je n'en avais vu
de plus propre à émouvoir le cœur, et en même
tems de plus agréable. Mon prêtre se retint en
effet ; mais il marqua par son air, une extase
de joie, de voir cette pauvre païenne prête à entrer dans notre sainte religion. Tantôt il pleurait,
tantôt il levait les mains vers le ciel, tantôt il
faisait le signe de la croix, tantôt il faisait des
prières jaculatoires, pour rendre grâces à Dieu
d'une preuve si manifeste du succès merveilleux
de nos desseins ; quelquefois il parlait tout dou-
cement et quelquefois haut, et ses actions de
grâces étaient tantôt en latin et tantôt en français ; et souvent les pleurs étouffaient sa voix,
de manière que ce qu'il disait ne ressemblait pas à
des sons articulés.

Je le conjurai de nouveau de se tranquilliser,
afin que nous puissions examiner ensemble avec
attention tout ce qui se passait à nos yeux. La scène
n'était pas encore finie, et après qu'ils se furent re-
levés, nous vîmes encore Atkins adresser la parole
à sa femme avec toutes les marques d'une très-
grande ferveur.

Nous conjecturâmes par ses gestes qu'elle était
fort touchée de ses discours ; elle levait les mains,
les croisait sur sa poitrine, et se mettait dans plusieurs autres attitudes convenables à un cœur touché
et à un esprit attentif. Tout cela continua pendant un
demi-quart d'heure, et ensuite ils s'en allèrent ; de
sorte qu'il fallut mettre là des bornes à notre curiosité.

Je me servis de cet intervalle pour parler à
mon religieux, et pour lui dire que j'étais charmé
de ce que nous venions de voir ; que bien que je
ne fusse pas fort crédule sur ces conversions su-
bites, je croyais pourtant qu'il n'y avait ici que
de la sincérité, quelle que pût être l'ignorance

et de l'homme et de la femme, et que j'attendais
une heureuse fin d'un si heureux commencement. « Que sait-on, dis-je, si ces deux sauvages, par la voie de l'instruction et de l'exemple,
n'influeront pas sur la conversion de quelques autres ? »

« De quelques autres, me répondit-il précipitamment ! oui, de tout autant qu'il y en a. Fiez-vous en
à moi; si ces deux sauvages (car le mari ne
l'était guère moins que la femme) se rendent à
J.-C., ils ne cesseront jamais de s'attacher à la
conversion des autres; car la véritable religion
est communicative, et celui qui est devenu réellement chrétien ne laissera pas un seul païen dans
l'erreur, s'il espère l'en pouvoir tirer.» Je lui avouai
que son sentiment était fondé sur un principe
trés-chrétien, et que c'était une preuve d'un grand
zèle et d'un cœur fort généreux. « Mais, mon
cher ami, lui dis-je, voulez-vous bien me permettre de vous faire ici une seule difficulté ? Je
ne trouve rien à dire contre la ferveur que vous
marquez, pour transporter ces gens du sein du
paganisme dans celui de la religion chrétienne;
mais quelle consolation en pouvez-vous tirer, puisque, selon vous, ils seront toujours hors des
limites de l'église catholique, sans laquelle vous
croyez qu'il n'y a point de salut? Convertis à
la religion protestante, ils passeront chez vous
pour hérétiques aussi damnables que les païens eux-
mêmes. »

Il me répondit ainsi avec beaucoup de candeur
et de charité chrétienne: « Monsieur, je suis
catholique, prêtre de l'ordre de Saint-Benoît,
et j'admets tous les dogmes de l'église romaine;
mais je vous dis, sans la moindre envie de vous
complimenter, et sans considérer la situation dans
laquelle je me trouve ici, que je ne vous regarde

pas comme un homme absolument exclu de la grâce de Dieu. Je ne dirai jamais, quoique je sache qu'on le croie généralement parmi nous, que vous ne sauriez être sauvé : je n'ai garde de borner assez la miséricorde de Jésus-Christ, pour m'imaginer que vous ne sauriez être porté dans le sein de l'église par des voies qui nous sont inconnues, et je suis sûr que vous avez la même charité pour nous ; je prie continuellement que vous puissiez rentrer dans l'église par des chemins dont je laisse le choix à l'Etre infiniment sage. En attendant, vous confesserez, je crois, qu'en qualité de catholique, je puis faire une différence considérable entre un protestant et un païen ; entre quelqu'un qui invoque le nom de Jésus, quoique d'une manière que je ne juge pas conforme à la véritable foi, et un sauvage, un barbare, qui ne connaît ni Dieu, ni Christ, ni Rédempteur. Si vous n'êtes pas dans les limites de l'église, vous en êtes plus près, du moins, que ceux qui n'en ont jamais entendu parler. C'est par cette raison que je me réjouis en voyant cet homme qui s'était livré à toutes sortes de crimes, adresser ses prières au Sauveur, quoique je ne le croie pas parfaitement éclairé, persuadé que Dieu, dont toute bonne œuvre procède, achèvera celle-ci en le menant un jour à la connaissance entière de la vérité ; et s'il réussit à inspirer la religion chrétienne à sa pauvre femme, je ne saurais jamais croire qu'il périra lui même. Ma joie est donc fondée quand je vois quelqu'un approcher de la véritable église, quoiqu'il n'y entre pas aussitôt que je le souhaiterais. Il faut s'en fier de la perfection de cet ouvrage, à Dieu qui l'achèvera lorsqu'il le trouvera à propos. Je serais charmé, je vous proteste, si tous les sauvages ressemblaient à cette bonne femme, dussent-

ils être d'abord tous protestans ; et je croirais fermement que Dieu, ayant commencé à illuminer
leur esprit, leur accorderait de plus en plus les
lumières d'en-haut, et les ferait entrer à la fin dans
le sein de son église. »

J'étais surpris de la sincérité de ce pieux papiste, à mesure que j'étais convaincu par la force
de son raisonnement, et je me mis d'abord dans
l'esprit que si une pareille modération était générale parmi les hommes, nous pourrions être
tous chrétiens catholiques, quelle que pût être
la différence de nos sentimens particuliers, et
que cet esprit de charité nous conduirait bientôt
tous aux mêmes principes. Comme il croyait
qu'une pareille tolérance nous rendrait tous catholiques, je lui dis que je m'imaginais que si
tous les membres de son église étaient capables
d'une charité pareille, ils seraient bientôt tous
protestans.

Je voulus pourtant l'embarrasser un peu sur
sa tolérance ; et le prenant par la main : « Mon
cher ami, lui dis-je, j'approuve fort ce que vous
venez de dire ; mais certainement si vous prêchiez
une pareille doctrine en Espagne ou en Italie,
vous n'éviteriez jamais les griffes de l'Inquisi-
tion. »

« Cela pourrait bien être, me dit-il ; mais je
ne crois pas qu'une pareille sévérité rende ces
peuples meilleurs chrétiens : un excès de charité ne
passera jamais chez moi pour hérésie. »

Comme Atkins et sa femme n'étaient plus dans cet
endroit, nous n'avions aucune raison pour nous y
arrêter. Nous revînmes donc sur nos pas, et nous
les trouvâmes déjà qui nous attendaient. Quand
je les vis, je demandai au prêtre s'il trouvait à
propos que nous leur découvrissions que nous les
avions vus dans le bosquet. Ce n'était pas là son

avis : il voulait lier conversation avec Atkins, pour voir ce qu'il nous dirait de son propre mouvement. Là-dessus nous les fîmes entrer, sans permettre que personne y fût que nous trois, et voici quel fut notre entretien.

ROBINSON CRUSOÉ.

Je vous prie, Atkins, dites-moi quelle éducation avez-vous eue ? De quelle profession était votre père ?

GUILLAUME ATKINS.

Un plus honnête homme que je ne serai de ma vie : c'était un ecclésiastique, monsieur.

ROBINSON CRUSOÉ.

Quelle éducation vous a-t-il donnée ?

GUILLAUME ATKINS.

Il n'a rien négligé pour me porter à la vertu, mais j'ai méprisé ses préceptes et ses réprimandes, comme une véritable bête féroce que j'étais.

ROBINSON CRUSOÉ.

Salomon dit effectivement que celui qui méprise la correction est semblable aux bêtes.

GUILLAUME ATKINS.

Hélas ! monsieur. je n'ai été que trop semblable aux bêtes les plus cruelles, puisque j'ai assassiné mon propre père. Ah ! mon Dieu, monsieur, ne parlons plus de cela : j'ai tué mon propre père !

Ce prêtre, à qui j'interprétais tout mot à mot, recula à ces dernières paroles ; et devenant pâle comme la mort, s'écria tout haut : *Oh ciel ! un parricide !*

(169)

ROBINSON CRUSOÉ.

J'espère, Atkins, qu'il ne faut pas prendre à la lettre ce que vous venez de dire. Auriez-vous tué votre père réellement ?

GUILLAUME ATKINS.

Il est bien vrai que je ne lui ai pas plongé un poignard dans le sein, mais j'ai abrégé ses jours en lui ôtant toute sa consolation, et en empoisonnant tous ses plaisirs. Je l'ai tué, monsieur, par la plus noire ingratitude, par laquelle j'ai répondu à la tendresse la plus forte que jamais père eut pour son fils.

ROBINSON CRUSOÉ.

Tranquillisez-vous, Atkins, je ne vous ai pas fait cette question pour vous arracher l'aveu que vous venez de faire ; je prie Dieu de vous en donner un sincère repentir, comme aussi de tous vos autres péchés. Je vous l'ai faite seulement parce que je m'aperçois que, quoique vous ne soyez pas extrêmement éclairé, vous ne laissez pas d'avoir une idée de la religion et de la morale, et que vous en savez davantage que vous n'en avez pratiqué.

GUILLAUME ATKINS.

Ce n'est pas vous qui m'avez arraché cet aveu, monsieur, c'est ma conscience. Quand nous commençons à jeter la vue sur nos péchés passés, il n'y en a point qui nous touchent plus sensiblement que ceux que nous avons commis contre des parens pleins d'indulgence pour nous ; il n'y en a point qui fassent des impressions si profondes et qui nous accablent davantage.

ROBINSON CRUSOÉ.

Il y a dans votre discours quelque chose de si pa-

Tome III. 15

thétique, Atkins., que je ne saurais l'entendre sans me troubler.

GUILLAUME ATKINS.

Et pourquoi vous troublez-vous, monsieur ? ces sentimens comme les miens vous doivent être absolument étrangers.

ROBINSON CRUSOÉ.

Non, non, Atkins, tout ce rivage, chaque arbre, chaque colline de toute cette île est un témoin des inquiétudes affreuses que m'a causées le souvenir de l'ingratitude que j'ai eue dans ma première jeunesse pour les soins d'un père aussi tendre que paraît avoir été le vôtre. J'ai tué mon père, aussi bien que vous, mon pauvre Atkins; mais je crains fort que votre repentir ne surpasse beaucoup le mien.

J'en aurais dit davantage si j'avais été maître de ma douleur : le repentir d'Atkins me paraissait si fort l'emporter sur le mien, que je n'étais plus en état de soutenir cette conversation. Je voyais que cet homme, que j'avais appelé pour lui donner des leçons, m'en donnait à moi de fort touchantes, où naturellement je ne devais pas m'attendre.

Le jeune prêtre, à qui je communiquai tout ce discours, en fut fort ému. « Eh bien ! me dit-il, ne vous ai-je pas averti d'avance que dès que cet homme là serait converti, il deviendrait notre prédicateur ? Je vous assure, monsieur, que s'il persévère dans sa repentance, je serai inutile ici, et qu'il fera des chrétiens de tous les habitans de l'île. »

Me tournant alors du côté d'Atkins : « Mais, Guillaume, lui dis-je, d'où vient que, précisément

dans ce moment-ci, vos péchés vous touchent d'une
si grande force ? »

GUILLAUME ATKINS.

Hélas ! monsieur, vous m'avez mis à un ouvrage
qui m'a percé le cœur. Je viens de parler avec ma
femme, de Dieu et de la religion, afin de lui faire
goûter le christianisme ; elle m'a fait un sermon,
elle-même, qui ne me sortira jamais de l'esprit tant
que je vivrai.

ROBINSON CRUSOÉ.

Ce n'est pas votre femme qui vous a prêché, mon
cher Atkins ; mais votre conscience vous a inspiré
à vous-même les argumens dont vous vous êtes
servi.

GUILLAUME ATKINS.

Il est vrai, monsieur, ma conscience qui me les a
inspirés avec une force à laquelle il m'a été impossible de résister.

ROBINSON CRUSOÉ.

Informez-nous, Guillaume, de ce qui vient de
se passer entre vous et votre femme ; j'en sais déjà
quelque chose.

GUILLAUME ATKINS.

Ah! monsieur, il ne m'est pas possible de vous
en donner un compte exact. Quoique j'en sois pénétré, je ne saurais pourtant trouver des termes
pour m'expliquer comme il faut ; mais qu'importe
dans le fond ? il suffit que j'en sois touché, et
que j'aie pris une ferme résolution de réformer
ma vie.

ROBINSON CRUSOÉ.

Mais encore, Atkins, dites-nous-en quelque

chose. Par où avez-vous entamé la conversation ?
Le cas est tout-à-fait extraordinaire, certainement.
Si votre femme vous a porté à une action si
louable, elle vous a fait effectivement un excellent
sermon.

GUILLAUME ATKINS.

J'ai débuté par la nature de nos lois sur le mariage,
qui tendent à lier l'homme et la femme par des
nœuds indissolubles. Je lui ai fait entendre que,
sans de pareilles lois, l'ordre ne pouvait pas être
maintenu dans la société ; que les hommes abandon-
neraient leurs familles, et qu'ils se mêleraient confusément avec d'autres femmes ; ce qui embrouille-
rait toutes les successions, et rendrait tous les
héritages incertains.

ROBINSON CRUSOÉ.

Comment ! Guillaume, vous parlez comme un
docteur en droit. Mais avez-vous pu lui faire comprendre ce que c'est qu'*héritages et familles ?* Les
sauvages n'en ont pas seulement une idée, à ce
qu'on dit, et se marient sans aucun égard pour
l'alliance. On m'a assuré même que, parmi eux,
les frères se marient avec leurs sœurs, les pères avec
leurs filles, et les fils avec leurs mères.

GUILLAUME ATKINS.

Je crois, monsieur, que vous êtes mal informé ;
ma femme m'a dit au moins que sa nation abhorre
de pareils mariages, et que, dans les degrés de parenté dont vous venez de faire mention, ils ne se
marient jamais, quoiqu'ils ne soient pas si scrupuleux
que nous, peut-être par rapport aux degrés plus
éloignés.

ROBINSON CRUSOÉ.

Eh bien ! que vous répondit-elle ?

GUILLAUME ATKINS.

Elle me dit qu'elle trouvait ces lois fort bonnes ; qu'elles étaient meilleures que celles de son pays.

ROBINSON CRUSOÉ.

Mais lui avez-vous expliqué ce que c'était proprement que le mariage ?

GUILLAUME ATKINS.

Oui, c'est par-là qu'a commencé notre dialogue. Je lui demandai si elle voulait être mariée avec moi, à notre manière. Quelle manière ? me dit-elle. Je veux dire, répliquai-je, la manière que Dieu a établie pour le mariage. Cette réplique donna lieu à la conversation la plus particulière que jamais mari eut avec sa femme.

Voici le dialogue d'Atkins et de sa femme, précisément de la manière que je l'ai écrit sur-le-champ, à mesure qu'il me le communiquait.

LA FEMME.

Établie par Dieu ? Comment ! vous avez donc aussi un Dieu dans votre pays ?

GUILLAUME ATKINS.

Sans doute, ma chère, Dieu est dans tous les pays.

15.

LA FEMME.

Point du tout; votre Dieu n'est pas dans mon pays, nous n'avons que le grand dieu *Benamuchée.*

GUILLAUME ATKINS.

Hélas! ma pauvre enfant, je ne suis pas assez habile pour vous expliquer ce que c'est que Dieu. Il est dans le ciel; il a fait le ciel et la terre, et tout ce qui s'y trouve.

LA FEMME.

Comment! vous avez le grand Dieu dans votre pays, et vous ne le connaissez pas, vous ne l'adorez pas? cela n'est pas possible.

GUILLAUME ATKINS.

Cela est pourtant certain, quoique nous vivions souvent comme s'il n'y avait point de Dieu dans le ciel, et que son pouvoir ne s'étendît point jusqu'à la terre.

LA FEMME.

Mais pourquoi Dieu le permet-il? Pourquoi ne vous fait-il pas vivre mieux?

GUILLAUME ATKINS.

C'est notre propre faute.

LA FEMME.

Mais vous dites qu'il est grand, qu'il a un grand pouvoir, qu'il peut vous tuer s'il veut; pourquoi ne vous tue-t-il pas quand vous ne le servez pas et que vous faites du mal?

GUILLAUME ATKINS.

Il est vrai qu'il aurait pu me tuer il y a long-
tems, et que je devrais m'y attendre; car j'ai été
un homme indigne de vivre; mais il est miséricordieux, et il ne nous punit pas toujours quand
nous le méritons.

LA FEMME.

Eh bien! n'avez-vous pas remercié votre Dieu
de sa bonté pour vous?

GUILLAUME ATKINS.

Hélas! je l'ai remercié aussi peu de sa miséricorde, que je le crains pour son pouvoir.

LA FEMME.

Si cela est, votre Dieu n'est pas Dieu; je ne
saurais le croire. Il est grand, il a du pouvoir,
et il ne vous tue point quand vous le fâchez?

GUILLAUME ATKINS.

Faut-il donc, ma chère, que ma mauvaise conduite vous empêche de croire en Dieu? Que je
suis malheureux! je suis chrétien, et mes crimes
empêchent les païens de le devenir?

LA FEMME.

Mais comment puis-je croire que vous ayez là
haut un Dieu grand et fort, et que cependant vous
ne faites point de bien? Il faut donc qu'il ne sache
pas ce que vous faites?

GUILLAUME ATKINS.

Vous vous trompez: il sait tout, il nous entend,

et voit ce que nous faisons; il connait nos pensées, quoique nous ne parlions pas.

LA FEMME.

Cela ne se peut pas; il ne vous entend pas jurer et dire à tout moment : *Dieu me damne.*

GUILLAUME ATKINS.

Il entend tout cela assurément.

LA FEMME.

Mais où est donc son grand pouvoir ?

GUILLAUME ATKINS.

Il est miséricordieux, c'est tout ce que je puis vous dire, et c'est cela qui prouve qu'il est le véritable Dieu. Il n'a point de passions comme les hommes, et c'est pour cette seule raison que sa colère ne nous consume pas, dès que nous péchons contre lui.

Atkins nous dit qu'il était rempli d'horreur, en disant à sa femme que Dieu voit et entend tout, et qu'il connaît ses pensées les plus secrètes; en songeant que malgré cette vérité, il avait osé faire un si grand nombre de mauvaises actions.

LA FEMME.

Miséricordieux ! que voulez-vous dire par-là ?

GUILLAUME ATKINS.

Il est notre créateur et notre père. Il a pitié de nous, et nous épargne.

LA FÈMME.

Quoi! il n'est pas en colère contre vous; il ne vous tue pas quand vous faites du mal? Il n'est onc pas bon lui-même, ou il n'a pas beaucoup de orce?

GUILLAUME ATKINS.

Il est infiniment bon, ma chère femme, infiniment grand, et capable de nous punir. Fort souvent même il donne des exemples de sa justice et de sa vengeance, en faisant périr les pécheurs au milieu de leurs crimes.

LA FEMME.

Il ne vous a pas tué pourtant; il faut donc qu'il vous ait averti qu'il ne vous tuerait pas, et que vous ayiez fait un accord avec lui, de pouvoir faire le mal, sans qu'il soit en colère contre vous, comme contre les autres hommes.

GUILLAUME ATKINS.

Bien loin de là, mon cœur, j'ai péché hardiment par une fausse confiance en sa bonté, et il aurait été infiniment juste en me détruisant, comme il a souvent détruit d'autres pécheurs.

LA FEMME.

Il est donc bon à votre égard! Qu'est-ce que vous lui avez dit pour l'en remercier?

GUILLAUME ATKINS.

Rien, ma pauvre femme; je suis un indigne scélérat, rempli de la plus noire ingratitude.

LA FEMME.

Mais vous dites qu'il vous a fait : que ne vous a-t-il fait meilleur ?

GUILLAUME ATKINS.

Il m'a fait comme il a fait tous les autres hommes, mais je me suis corrompu moi-même, j'ai abusé de sa bonté, et je suis parvenu à ce comble de scélératesse par ma propre faute.

LA FEMME.

Je voudrais que vous fissiez ensorte que Dieu me connût ; je ne le fâcherais pas, je ne ferais point de mauvaises choses.

GUILLAUME ATKINS.

Vous voulez dire, ma chère, que vous souhaiteriez que je vous fisse connaître Dieu ; car Dieu vous connaît déjà, et il n'y a pas une seule pensée qui lui soit inconnue.

LA FEMME.

Il sait donc aussi ce que je vous dis à présent ? il sait que je souhaite de le connaître ? Hélas ! qui pourra faire ensorte que je connaisse celui qui m'a faite ?

GUILLAUME ATKINS.

Ma chère, je suis au désespoir de n'être pas en état de vous éclairer là-dessus ; c'est lui seul qui doit se faire connaître à vous ; je m'en vais le prier de vous enseigner lui-même, et de me pardonner de m'être rendu indigne et incapable de vous instruire.

C'est là-dessus qu'Atkins, pénétré de douleur de ne pouvoir pas satisfaire au désir ardent qu'avait sa femme de connaître Dieu, s'était jeté à genoux pour prier l'esprit saint d'illuminer cet esprit ténébreux par la connaissance salutaire de l'Evangile, de lui pardonner ses péchés à lui-même, et de vouloir bien se servir d'un aussi indigne instrument pour la conversion de cette malheureuse païenne. Après avoir été prosterné en terre pendant quelques momens, il s'était remis auprès de sa femme, et la conversation recommença de la manière suivante :

LA FEMME.

Pourquoi vous êtes-vous mis à genoux ? pourquoi avez-vous parlé ? que signifie tout cela ?

GUILLAUME ATKINS.

Je me suis mis à genoux, ma chère femme, pour m'humilier devant celui qui m'a fait : je lui ai dit : *Oh !* comme vos vieillards font au faux dieu *Benamuchée ;* je veux dire que je lui ai adressé mes prières.

LA FEMME.

Et pourquoi lui avez-vous dit *Oh !*

GUILLAUME ATKINS.

Je l'ai prié d'ouvrir les yeux de votre entendement, afin que vous puissiez le connaître et lui être agréable.

LA FEMME.

Peut-il faire cela encore ?

GUILLAUME ATKINS.

Sans doute, il peut faire tout ; rien ne lui est impossible.

LA FEMME.

Il entend tout ce que vous lui dites ?

GUILLAUME ATKINS.

Certainement. Il nous a ordonné de le prier avec promesse de nous écouter et de nous accorder ce que nous lui demanderious.

LA FEMME.

Il vous a ordonné de le prier. Quand vous l'a t-il ordonné ? où vous l'a-t-il ordonné ? Il vous a donc parlé lui-même ?

GUILLAUME ATKINS.

Non, ma chère, il ne nous a point parlé lui même ; mais il s'est révélé à nous de différentes manières. Il a parlé, autrefois, à quelques saints hommes, en termes fort clairs, et il les a dirigés par son esprit, pour rassembler toutes ses lois dans un livre.

LA FEMME.

Je ne vous comprends pas. Où est ce livre ?

GUILLAUME ATKINS.

Hélas ! ma pauvre femme, je n'ai pas ce livre, mais j'espère que je le trouverai un jour, et que je vous enseignerai à le lire.

(C'est dans cette occasion que nous l'avions vu embrasser sa femme avec beaucoup de tendresse, mais en même-tems avec beaucoup de chagrin de se voir sans bible.)

LA FEMME.

Mais comment me ferez-vous comprendre que Dieu lui-même a enseigné à ces hommes à faire ce livre ?

GUILLAUME ATKINS.

Par la même règle par laquelle nous savons qu'il est Dieu.

LA FEMME.

Eh bien! par quelle règle, par quel moyen savez-vous qu'il est Dieu?

GUILLAUME ATKINS.

Parce qu'il ne nous ordonne et ne nous commande rien qui ne soit bon et juste, rien qui ne tende à nous rendre parfaitement bons et parfaitement heureux, et parce qu'il nous défend tout ce qui est mauvais en soi-même, ou mauvais dans ses conséquences.

LA FEMME.

Ah! je voudrais bien comprendre tout cela; je voudrais bien voir tout ce que vous venez de dire. Il enseigne tout ce qui est bon, il défend tout ce qui est mauvais, il récompense le bien et punit le mal, il a fait tout, il donne tout, il m'entend quand je lui dis: *Oh!* il ne me tuera pas si je souhaite d'être bonne; si je veux faire du mal, il peut me tuer, mais il peut m'épargner aussi; il est pourtant le grand Dieu. Eh bien! je crois qu'il est le grand Dieu; je veux lui dire: *Oh!* avec vous, mon cher.

C'est ce discours qui, surtout, avait touché le cœur d'Atkins. Il s'était mis à genoux avec sa femme pour prier Dieu tout haut de l'illuminer de son saint esprit, et de faire ensorte, par sa Providence, qu'il pût trouver une Bible, afin de la lire avec sa femme, et de la faire parvenir par là à la connaissance de la véritable religion.

Parmi les autres discours qu'ils eurent ensuite de cette prière, sa femme lui fit promettre, puisque, de son propre aveu, toute sa vie n'avait été qu'une suite de péchés propres *à provoquer la colère de Dieu*, de la réformer, et de ne plus irriter Dieu, de peur qu'il ne fût ôté du monde, et qu'elle ne perdît par là le moyen de connaître mieux la Divinité, enfin de peur qu'il ne fût éternellement misérable lui-même, comme il lui avait dit que les méchans seraient après leur mort.

Ce récit nous toucha beaucoup l'un et l'autre, mais surtout le jeune religieux. D'un autre côté, il était extasié de joie; mais de l'autre, il était cruellement mortifié de n'entendre pas l'anglais, pour pouvoir parler lui-même à cette femme, qui avait de si excellentes dispositions. Revenu de ses réflexions. il se tourna vers moi, en me disant qu'il y avait plus à faire avec cette femme que de la marier. Je ne le compris pas d'abord; mais il s'expliqua, en me disant qu'il croyait qu'il fallait la baptiser.

J'y consentis; et lui, voyant que je me hâtais d'en ordonner les préparatifs: « Patience, monsieur, me dit-il, mon sentiment est qu'il faut la baptiser absolument; son mari l'a fait résoudre à embrasser le christianisme, il lui a donné des idées justes de l'existence d'un Dieu, de son pouvoir, de sa justice et de sa clémence; mais il faut que je sache, avant que d'aller plus loin, s'il lui a dit quelque chose de Jésus-Christ, du salut qu'il nous a procuré par sa mort. de la foi, du Saint-Esprit, de la résurrection, du dernier jugement et de la vie à venir. »

J'appelai là-dessus Atkins, et je le lui demandai. Il se mit à pleurer, en disant qu'il en avait dit quelque chose, mais fort superficiellement; qu'il était un homme si criminel, et que sa conscience lui reprochait avec tant de force sa conduite impie, qu'il tremblait à la seule idée que la connaissance que sa femme avait de sa mauvaise vie ne lui donnât du mépris pour tous ces dogmes sacrés et importans : mais qu'il était sûr que son esprit était tellement disposé à recevoir les impressions de toutes ces vérités, que si je voulais bien lui en parler, je viendrais facilement à bout de l'en persuader, et que je n'y perdrais pas mon tems ni mes peines.

Là-dessus je la fis venir, et m'étant placé entre elle et le prêtre, pour servir de truchement, je le priai d'entrer en matière. Il le fit, et je suis persuadé que, dans ces derniers siècles, jamais prêtre papiste ne fit un pareil sermon ; aussi lui dis-je que je lui trouvais toutes les lumières, tout le zèle et toute la sincérité d'un vrai chrétien, sans aucun mélange des erreurs de son église, et qu'il me paraissait semblable aux évêques de Rome, avant que l'église romaine eût usurpé la souveraineté sur les consciences.

Pour abréger, il réussit à porter cette pauvre femme à embrasser la connaissance du Sauveur et de la rédemption, non-seulement avec surprise et avec étonnement, comme elle avait reçu d'abord les notions de Dieu et de ses attributs, mais encore avec joie, avec foi et avec un degré de lumière qu'on aurait de la peine à s'imaginer, bien loin de pouvoir en donner une idée juste.

Quand il se prépara à la baptiser, je le priai de s'acquitter de cette cérémonie avec quelque précaution, afin qu'on ne remarquât pas qu'il fût catholique, ce qui aurait pu avoir de mauvaises conséquences, et causer des divisions parmi tous ces gens qui n'avaient encore que de faibles idées de ces sortes de matières. Il me répondit que, comme il n'avait point là de cha-

pelle consacrée, ni les autres choses nécessaires
aux formalités de son église, il s'y prendrait
d'une telle manière que je ne remarquerais pas
moi-même qu'il était catholique, si je n'en avais
pas été instruit auparavant. Il tint sa parole ;
et après avoir prononcé à moitié bas quelques
paroles latines, il jeta tout un plat d'eau sur
la tête de la femme, en disant tout haut en
français : « Marie (car, en qualité de son parrain,
je lui donnai ce nom-là, à la prière de son mari,)
je te baptise au nom du Père, du Fils et du Saint-
Esprit. »

Il n'était pas possible de deviner par là de quelle
religion il était. Il est vrai qu'il lui donna ensuite la
bénédiction en latin ; mais Atkins s'imagina que
c'était du français, ou bien il n'y prit pas garde du
tout.

Cette cérémonie étant achevée, il la maria,
et se tournant ensuite du côté d'Atkins, il
l'exhorta d'une manière très-pathétique, non-seulement à persévérer dans ces bonnes dispositions,
mais encore à répondre, par une sainte vie,
aux lumières qui venaient d'être répandues dans
sa conscience. Il lui dit qu'il ferait en vain profession de se repentir, si actuellement il ne
renonçait à tous ses crimes. Il lui représenta
que, puisque Dieu lui avait fait la grâce de se
servir de lui comme d'un instrument à la conversion de sa femme, il devait bien prendre garde
de ne pas déshonorer cette faveur du ciel, et
que, s'il se négligeait là-dessus, il pourrait voir
une païenne se sauver, et l'instrument de son salut
rejeté.

Il y ajouta un grand nombre d'autres excellentes leçons, et les recommandant l'un et l'autre à
la bonté divine, il leur donna de nouveau sa
bénédiction, se servant toujours de moi comme

de son interprète : c'est ainsi que finit toute la cérémonie. Je puis dire que ce jour là a été le plus agréable que j'aie passé de ma vie.

Pour mon religieux, il n'était pas encore à bout de tous ses pieux desseins ; ses pensées continuaient toujours à rouler sur la conversion des trente-sept sauvages, et il serait resté de tout son cœur dans l'île pour y travailler ; mais je lui fis voir que son entreprise était impraticable, et que je trouverais peut-être un moyen de la faire réussir sans qu'il fût besoin qu'il s'en mêlât.

Ayant ainsi réglé les affaires de mon île, je me préparais à retourner à bord du vaisseau, quand le jeune Anglais que j'avais tiré du bâtiment affamé, vint me dire qu'il avait appris que j'avais un ecclésiastique avec moi ; que, par ce moyen, j'avais marié les Anglais formellement avec les femmes sauvages ; il ajouta qu'il savait un autre mariage à faire entre deux chrétiens, qui pourrait bien ne m'être pas désagréable.

Je vis d'abord qu'il s'agissait de la servante de sa défunte mère, qui était la seule femme chrétienne qui fût dans l'île. Là-dessus je l'exhortai à ne pas faire une chose de cette importance précipitamment, et seulement pour adoucir la solitude où il se devait trouver dans l'île. Je lui dis que j'avais su de lui-même et de la servante, qu'il avait du bien considérablement et des amis capables de le pousser dans le monde ; que d'ailleurs cette fille n'était pas seulement une pauvre servante, mais que son âge n'était pas proportionné au sien, puisqu'elle pouvait bien avoir vingt-sept à vingt-huit ans, au lieu qu'il en avait à peine dix-huit ; que par mes soins il pouvait bientôt sortir de ce désert et revenir

16.

dans sa patrie, où certainement il se repentirait
de son choix précipité ; ce qui les rendrait, dans la
suite, malheureux l'un et l'autre.

J'allais en dire davantage, quand il m'interrom-
pit en souriant, pour me dire avec modestie que
je me trompais dans ma conjecture, et qu'il n'a-
vait rien de tel dans l'esprit, se trouvant dans
des circonstances assez tristes pour n'y pas mettre
encore le comble par un mariage mal assorti ;
qu'il était charmé de mon dessein de le faire retourner dans sa patrie ; mais que mon voyage
devant être de longue haleine, selon toutes les
apparences, et très-hasardeux, il ne me demandait
pour toute grâce, par rapport à lui, que de lui donner quelques esclaves et tout ce qui était nécessaire pour établir une plantation ; que de cette
manière là il attendrait avec patience l'occasion
de retourner en Angleterre, persuadé que, quand
j'y serais revenu, je ne l'oublierais pas. Enfin,
il me dit qu'il avait envie de me donner des
lettres pour ses parens, afin de les informer
des bontés que j'avais eues pour lui, et de l'endroit
où je l'avais laissé, et il me promit que, dès
que je le ferais sortir de l'île ; il me céderait
sa plantation, de quelque valeur qu'elle pût
être.

Ce petit discours était fort bien arrangé pour
un garçon de cet âge, et il m'était d'autant
plus agréable, qu'il m'assurait positivement que
le mariage en question ne le regardait pas lui-
même. Je lui donnai toutes les assurances possibles de rendre ses lettres, si je revenais sain et
sauf en Angleterre, de n'oublier jamais la fâcheuse
situation dans laquelle je le laissais, et d'employer tous les moyens possibles pour l'en
tirer.

J'étais fort impatient cependant de savoir de

quel mariage il avait voulu parler; et il m'apprit qu'il s'agissait de Suzanne (c'était le nom de la servante,) et de mon artisan universel.

J'en fus charmé au pied de la lettre, parce que le parti me paraissait très-bon de côté et d'autre. J'ai déjà donné le caractère du jeune homme. Pour la fille, elle était modeste, douce et pieuse; elle avait du bon sens et assez d'agrément; elle parlait bien et à propos, d'une manière décente et polie, toujours prête à répondre quand il fallait, et jamais elle n'était précipitée à se mêler de ce qui ne la regardait pas; elle avait beaucoup d'adresse pour faire toutes sortes d'ouvrages, et elle était si bonne ménagère, qu'elle aurait pu être la femme de charge de toute la colonie. Elle savait parfaitement bien se conduire avec des personnes d'un certain rang, et par conséquent il ne lui était pas mal aisé de plaire à tous les habitans de l'île.

Nous les mariâmes ce même jour, et comme je lui tenais lieu de père dans cette cérémonie, je lui donnai aussi sa dot; car je lui assignai à elle-même et à son époux une espace de terre assez considérable pour en faire une plantation. Ce mariage, et la proposition que le jeune homme m'avait faite de lui donner en propre une petite étendue de terrain, me firent penser à partager toute l'île aux habitans, afin de leur ôter toute occasion de querelles.

J'en donnai la commission à Atkins, qui était devenu grave, modéré, bon ménager; en un mot, qui était alors un parfait honnête homme, très-pieux, fort attaché à la religion, et si j'ose décider d'une affaire de cette nature, véritablement converti.

Il s'acquitta de cette commission avec tant de prudence, que tout le monde en fut satisfait, et qu'ils me prièrent tous de ratifier le partage par un écrit de ma main. Je les fis dresser tout aussitôt, et en spécifiant les limites de chaque plantation, je leur donnai à chacun un droit de possession pour eux et pour leurs héritiers, ne me réservant que le *haut domaine* de toute l'île, et une redevance pour chaque plantation, payable en onze ans, à moi et à celui de mes héritiers qui, venant la demander, produirait une copie authentique du présent écrit.

A l'égard de la forme du gouvernement et des lois, je leur dis qu'ils étaient aussi capables que moi de prendre des mesures utiles là-dessus, et que je souhaitais seulement qu'ils me promissent de nouveau de vivre ensemble comme bons amis et bons voisins.

Il y a encore une particularité que j'aurais tort de passer sous silence. Comme tous les habitans de mon île vivaient dans une espèce de république, et qu'ils avaient beaucoup à faire, il paraissait ridicule qu'il y eût trente-sept sauvages relégués dans un coin de l'île, à peine capables de gagner leur vie, bien loin de contribuer à l'utilité générale. Cette considération me fit proposer au gouverneur Espagnol d'y aller avec le père de *Vendredi*, et de leur offrir de se joindre aux autres habitans, afin de planter pour eux-mêmes, ou bien de servir les autres, pour la nourriture et l'entretien, en qualité de domestiques, et non pas en qualité d'esclaves; car je ne voulais pas absolument permettre qu'on les réduisît à l'esclavage; ce qui aurait été contraire à la capitulation qu'ils avaient faite en se rendant.

Ils acceptèrent la proposition de grand cœur, et quittèrent leurs habitations dans le moment même. Il n'y en eut que trois ou quatre qui prirent le parti de cultiver leurs propres terres;

tous les autres aimèrent mieux être distribués
dans les différentes familles que nous avions
établies.

Toutes les colonies se réduisaient alors à deux.
Il y avait celle des Espagnols qui demeuraient dans
mon château, et qui étendaient leur plantation du
côté de l'est, tout le long de la petite baie jusqu'à
ma maison de campagne. Les Anglais vivaient dans
le nord-est de l'île, où Atkins et ses camarades s'é-
taient établis dès le commencement, et ils s'étendaient du côté du sud et sud-ouest derrière la plantation des Espagnols. Chaque colonie avait encore
à sa disposition une assez grande étendue de terres
en friche, qu'elle pouvait cultiver en cas de besoin ;
en sorte que, de ce côté, il n'y avait aucun sujet de
jalousie et de discorde.

On avait laissé déserte la partie orientale de l'île,
afin que les sauvages pussent y aller et venir à leur
ordinaire, et on avait résolu de ne se point mêler de
leurs affaires, s'ils ne se mêlaient pas de celles des habitans. Il ne faut pas douter qu'ils n'y vinssent souvent, comme ils avaient fait autrefois ; mais je n'ai
jamais entendu dire qu'ils aient entrepris la moindre
chose contre mes colonies.

Il me vint alors dans l'esprit, que j'avais fait espérer à mon religieux que la conversion de trente-
sept sauvages pouvait se faire sans lui, d'une manière dont il serait satisfait. Je lui fis sentir que
cette affaire était en bon train, et que ces gens, étant
ainsi distribués parmi les chrétiens, il serait facile
de leur faire goûter les principes de notre religion,
pourvu que chacun de leurs maîtres voulût bien
faire tous ses efforts pour réussir dans cette louable
entreprise.

Il en convint, « Mais, dit-il, comment les porte-
rons-nous à y travailler avec application ? » Je lui
répondis qu'il fallait les y engager, en les assem-

blant tous, ou bien en leur allant parler à chacun en particulier. Ce second parti lui parut le plus convenable, et là-dessus nous partageâmes l'ouvrage entre nous. Il entreprit d'aller voir les Espagnols, qui étaient tous papistes, dans le tems que j'irais adresser mes exhortations aux Anglais, qui étaient tous protestans. Nous recommandâmes très-fort, aux uns et aux autres, de ne point faire entrer dans les instructions qu'ils donneraient aux sauvages, aucune distinction entre les catholiques et les protestans, et de se contenter de leur apprendre les principes généraux de la religion chrétienne, comme l'existence de Dieu, le mérite de Jésus-Christ, etc. Ils nous le promirent, et ils s'engagèrent même à ne parler jamais ensemble de controverse.

En venant à la maison ou à la ruche d'Atkins, je vis, avec plaisir, que la jeune femme de mon machiniste et l'épouse d'Atkins, étaient devenues amies intimes, et que cette personne pieuse avait perfectionné l'ouvrage que l'époux avait commencé. Quoiqu'il n'y eût que quatre jours écoulés depuis le baptême de la femme d'Atkins, elle était devenue si bonne chrétienne, que je n'ai de ma vie entendu parler d'une conversion si subite, et poussée si loin en si peu de tems.

Il m'était venu justement dans l'esprit, le même matin que je méditais cette visite, qu'en leur laissant tout ce qui leur était nécessaire, j'avais oublié de leur donner une bible; en quoi je confesse que j'avais moins de soin pour eux que ma *bonne veuve* n'en avait eu autrefois pour moi, en m'envoyant trois bibles et un livre de *communes prières*, avec la cargaison de cent livres sterling, qu'elle eut le soin de me faire tenir dans le Brésil.

La charité de cette pauvre femme eut un effet plus étendu qu'elle n'avait prévu; car ces bibles servirent alors d'instruction et de consolation à des gens qui en faisaient un meilleur usage que je n'en avais fait alors moi-même.

J'avais une de ces bibles dans ma poche en arrivant à la maison d'Atkins, où je remarquai que les deux femmes venaient de parler ensemble sur des matières de religion. « Ah ! monsieur, dit Atkins dès qu'il me vit, quand Dieu veut se réconcilier avec des pécheurs, il en sait bien trouver les moyens. Voilà ma femme qui a trouvé un prédicateur nouveau ; je sais que j'étais aussi indigne qu'incapable de mettre la main à un pareil ouvrage, et voilà cette jeune femme qui paraît nous être envoyée du ciel. Elle est en état de convertir toute une île pleine de sauvages. »

La jeune femme rougit à ces mots, et se leva pour s'en aller ; mais en la priant de demeurer, je lui dis qu'elle avait entrepris un dessein excellent, et que je souhaitais de tout mon cœur que le ciel voulût bénir ses soins.

Nous continuâmes sur ce sujet pendant quelque tems, et ne voyant pas qu'ils eussent aucun livre, je tirai ma Bible de ma poche. « Voici du secours que je vous apporte, Atkins, dis-je, et je ne doute point que vous ne le receviez avec plaisir. » Le pauvre homme était si surpris de ce présent, que pendant quelques minutes, il fut incapable de prononcer un seul mot. Mais s'étant remis de son trouble, il prit le livre avec respect, et se tournant du côté de sa femme : « Ne vous ai-je pas dit, ma chère, lui dit-il, que, quoique Dieu soit là-haut dans le ciel, il peut entendre nos prières ? Voici le livre que je lui ai demandé quand nous nous sommes mis à genoux ensemble dans le bosquet. Dieu nous a entendus, il nous l'a envoyé. » Après avoir fini ce discours, il tomba dans de si grands transports de joie, qu'au milieu des actions de grâces qu'il adressait au ciel, il versait un torrent de larmes.

Sa femme était dans une surprise extraordinaire, et elle était prête à tomber dans une erreur où personne de nous ne s'était attendu. Elle croyait fermement que Dieu avait envoyé ce livre directement du ciel, à la prière de son mari, et elle prenait pour un présent immédiat ce qui n'était qu'un effet de la Providence. Il ne tenait qu'à nous de la confirmer dans cette pensée; mais la matière me parut trop sérieuse pour permettre que la bonne personne tombât dans une illusion semblable. Je m'adressai donc à la jeune femme, en lui disant qu'il n'en fallait pas imposer là-dessus à notre nouvelle convertie, et je la priai de faire sentir à son amie, qu'on peut dire avec vérité que Dieu répond à nos prières quand nous recevons de sa Providence, d'une manière naturelle, ce que nous lui avons demandé, et que nos prières ne tendent jamais à exiger de Dieu des miracles.

La jeune femme s'acquitta parfaitement bien, et avec un heureux succès, de cette commission; par conséquent il n'y eut aucune fraude pieuse dans toute cette affaire; et, dans le fond, en employer dans une telle occasion, me paraîtrait la chose du monde la plus inexcusable.

FIN DU TOME TROISIÈME.

www.ingramcontent.com/pod-product-compliance
Lightning Source LLC
Chambersburg PA
CBHW070614100426
42744CB00006B/477